なるほどそうだったのか!!
パレスチナとイスラエル

高橋和夫

GENTOSHA

はじめに

パレスチナ問題は難しい。解説書は、もっと難しい。

何とかわかりやすく、この問題を説明したい。そうした思いから私は、この問題の解説書を既に出版している。しかし、さらにわかりやすい本をとの思いから、本書を執筆した。

わかりやすさという目標の達成のために、本書はパレスチナ問題を三回語っている。まず一回目は第一章である。ここでは、正面から**パレスチナの歴史**に焦点を当てて、その展開を時間軸で紹介している。

二回目は、第二〜五章である。ここでは関連諸国の関与を論じている。各国や地域のかかわりという視点から光を当ててみた。いくつもの方向から光を投げかけて、パレスチナ問題の立体像を描きだせればとの狙いだ。第二章では、イスラエルとパレスチナを取りまく周辺のエジプト、ヨルダン、レバノン、シリア、イラク、イラン、アラビア半島産油国との関係を紹介している。第三章では、オスロ合意への過程で大きな役割を演じた、**小国ノルウェーの関与**について詳しく論じた。なぜノルウェーが、これほどまでに大きな役割を担ったのかを解説した。ノルウェーの中東外交が一般書で紹介されるのは、前例がない。第四章では、イスラエル・パレスチナ問題において特に重要な国であり、将来に決定的とも表現できるほどの**強い影響力を持つアメリカ**との関係について、ワシントンでの取材を踏まえて最新の動向を紹介した。第五章は、EU（欧州連合）諸国、ロシア、東南アジア、中国、そして日本とイスラエル・パレスチナの関係を紹介している。

最後に第一章から第五章の理解を助けるために、第六章でキーワードを解説した。読んでもなかなかわからないパレスチナ問題の解説書を、もう一冊増やした。そうした結果になっていないことを祈っている。

なお、執筆に当たっては、国際交流NGOピースボートの第33回クルーズの地球大学のメンバーが制作した『パレスチナ問題出前キット』を参照した。制作メンバーはもちろんのこと、とりわけイラストの再使用を許していただいた、なみへい氏に御礼を申し上げたい。

国際政治学者　高橋和夫

目次

第三章 ノルウェーとイスラエル・パレスチナの関係 —— 103〜134

第四章 アメリカとイスラエル・パレスチナの関係――135〜180

装幀 土岐浩一（株ZUGA）
イラスト なみへい
企画・編集 菊池友彦（株ナヴィインターナショナル）
本文デザイン 羽田眞由美（株ナヴィインターナショナル）

パレスチナ問題の歴史年表

西暦	7世紀	19世紀後半～16世紀	20世紀
パレスチナ	**イスラム教成立**	**オスマン帝国による支配** イスラム教徒、キリスト教徒、ユダヤ教徒が共存 **パレスチナ入植**	**パレスチナ、イギリスの委任統治領に（1920）** **ユダヤ人の流入増加**
欧米諸国		**民族主義が広まる** ユダヤ人の迫害が強まる **帝国主義的発想** **社会主義的発想** **シオニズム（シオニスト）**	**第一次世界大戦（1914）** イギリスの「バルフォア宣言」（1917） **第一次世界大戦終結（1918）** **国際連盟** **ドイツ、ナチスの政権成立（1933）**
アラブ諸国		スエズ運河開通（1869） スエズ運河をイギリスが支配（1875）	フセイン・マクマホン書簡（1915～1916） **アラブの反乱（1916）** パレスチナ人の反発

シオニストの反イギリス行為

パレスチナ分割決議案（1947）

イスラエルの建国（1948）

パレスチナ難民の発生（75万人）

第一次中東戦争（1948）

イスラエルの勝利

第二次中東戦争（1956）

スエズ動乱／スエズ戦争

第三次中東戦争（1967）

ラビンが参謀総長として活躍

イスラエルの勝利

第二次世界大戦（1939）

第二次世界大戦終結（1945）

ユダヤ人の流入

国際連合（国連）の結成

イギリス　パレスチナから撤退

（米ソが承認）

イギリス・フランス・イスラエル
運河地帯へ侵攻

アメリカ反発

アメリカのユダヤ・ロビー組織化

アラブ諸国の軍事介入

第一次中東戦争（1948）

エジプト、スエズ運河を国有化

第二次中東戦争（1956）

スエズ動乱／スエズ戦争

ナセルの勝利

アラブ統一運動の高揚

第三次中東戦争（1967）

ナセルの威信失墜

西暦	20世紀
パレスチナ	**カラメの戦い（1968）** アラファト、PLOの議長就任（1969） **ヨルダン内戦（1970）** パレスチナ・ゲリラ対ヨルダン軍 **第四次中東戦争（1973）** イラン、イスラエルと断交 イスラエル、エジプトにシナイ半島返還 **レバノン戦争（1982）** **第一次インティファーダ（大衆蜂起）の発生（1987）**
欧米諸国	第一次石油危機（1973） カーター政権発足（1977） **キャンプ・デービッドの合意（1979）** ※平和条約の締結 レーガン政権発足（1981） ブッシュ（父）政権発足（1989）
アラブ諸国	**ヨルダン内戦（1970）** **第四次中東戦争（1973）** **イランで革命政権の成立（1979）** エジプト、イスラエルを承認 エジプト、イスラエルと国交樹立 サウジアラビア・メッカの大モスクが武装集団に占拠される（1980） **イラン・イラク戦争（1980〜88）** **レバノン戦争（1982）** イスラエルがレバノンに侵攻

	21世紀
イスラエル総選挙・ラビン勝利（1992） **第二次ラビン政権の成立（1992）** **インティファーダ終了** ラビン首相暗殺（1995） 第一次ネタニヤフ政権の成立（1996） **第二次インティファーダ（アルアクサ・インティファーダ）が起こる（2000）** イスラエル軍レバノン全面撤退（2000）	アラファト死亡（2004） **イスラエル陸上部隊ガザ侵攻（2008）** **ガザ停戦（2009）** イスラエル総選挙、第二次ネタニヤフ政権の成立（2009）
中東和平国際会議（1991） **オスロ合意（1993）** ※ホワイト・ハウスにてクリントン大統領の招きにより、ラビンとアラファトが、オスロ合意の調印式	ブッシュ（息子）政権発足（2001） オバマ政権発足（2009）
湾岸危機（1990） イラクがクウェートを占領 **湾岸戦争（1991）** ヨルダン、イスラエルと国交樹立（1994）	**アフガン戦争（2001）** **イラク戦争（2003）**

パレスチナ紛争年表

西暦	出来事
19世紀末	ユダヤ人のパレスチナへの移民始まる
1914~1918年	第一次世界大戦
1933年	ドイツでナチス政権誕生
1939~1945年	第二次世界大戦
1947年	国連によるパレスチナ分割決議案
1948年	イスラエル成立 第一次中東戦争 パレスチナ難民の発生
1956年	第二次中東戦争
1967年	第三次中東戦争
1968年	カラメの戦い
1969年	アラファト、PLOの議長に就任
1970年	ヨルダン内戦、アラファト議長、レバノンへ
1973年	第四次中東戦争　第一次石油危機
1979年	イランで革命政権の成立 キャンプ・デービッド合意
1982年	レバノン戦争、イスラエル軍レバノンに侵攻 サブラ・シャティーラ難民キャンプでの虐殺
1987年	第一次インティファーダ
1992年	ラビンが首相に就任
2000年	第二次インティファーダ イスラエル軍のレバノンからの撤退
2004年	アラファトの死
2006年	ハマスの議会選挙での勝利
2008年	アメリカで金融危機(10月) イスラエルのガザ攻撃(12月)
2009年	ガザ停戦(1月) オバマ新大統領就任(1月) イスラエル総選挙(2月)

第一章

パレスチナの歴史

シオニズムと三つの風

パレスチナという土地はあるが、パレスチナという国はない。そこにあるのは、イスラエルという国と**ガザ地区**と、**ヨルダン川西岸地区**である。なぜ地名はあるのに、その地名の国がないのか、本章ではそのいきさつを語ろう。

「2000年にわたる**イスラム教徒とユダヤ教徒の宗教対立**」、そうした言葉で語られることの多いパレスチナ問題。しかし、この説明は間違いである。なぜならば、イスラム教が成立したのは600年代である。つまり、7世紀であり、その歴史はおよそ1400年ほどである。であるならば、2000年もユダヤ教とイスラム教は争っているはずがない。

付け加えると、問題になっている土地のパレスチナには、キリスト教徒も数多く生活しており、「イスラム教徒とユダヤ教徒の対立」と単純化してしまうのは、キリスト教徒に失礼である。そもそもキリスト教は、この地に発し、その教えを守り続けた人々が現在も生活している。あまりに単純でわかりやすい話は、しばし危険である。

それでは、問題はいつ頃に起こり、何が問題なのであろうか。そして誰と誰が、何を争っているのだろうか。

パレスチナの地で、現在にまで続く問題が起こり始めたのは、19世紀末である。ヨーロッパのユダヤ人たちが、パレスチナに移り始めた。自分たちの国を創るためにである。

ユダヤ人たちの、自分たちの国を創ろうという運動を**シオニズム**と呼ぶ。これはシオン山の〝シオン〟と〝イズム〟を合わせた言葉である。イズムとは、主義という意味の言葉である。主義というのは、この場合にはある政治的考えのための努力である。シオン山とは、**パレスチナの中心都市**のエルサレムの別名である。エルサレムは、標高835メートルほどの丘の上に建てられている。新東京タワー、つまりスカイツリーが635メートルの高さであるから、それより高い所に位置する都市である。

ヨーロッパのユダヤ人がパレスチナに入ってくると、その土地に既に生活していたパレスチナ人との間に紛争が始まった。これが現在まで続く、パレスチナ問題の発端である。これは、つまり約120年間の紛争である。

それでは、なぜヨーロッパのユダヤ人たちは、この時期にパレスチナへの移住を考えるようになったのだろうか。それは、ヨーロッパで19世紀末になってユダヤ人に対する迫害が激しくなったからである。では、どうしてであろうか。

答えは、この時期にヨーロッパに**民族主義**が広まったからである。この民族主義がユダヤ人の迫害を引き起こした。この民族主義というのは、一体何だろうか。

民族主義とは、次のような考え方である。

(1)人類というのは民族という単位に分類できる
(2)それぞれの民族が独自の国家を持つべきである。これを**民族自決の法則**と呼ぶ
(3)個人は、属する**民族の発展のために貢献**すべきである

こうした考えによれば、個人の最高の生き方は、自らの**民族の国家**のために尽くすことであり、自らの民族が国家を持っていない場合は、その建設のために働くことである。

そして、この考え方に取り付かれた人々は、民族のため、国家のために大きな犠牲をいとわない。ときには命さえもささげる。お国のために死ぬという行為が、民族主義では最高の栄誉とされる。

それでは、民族とは何だろうか。

これは**共通の祖先**を持ち、運命を共有していると考える人々の集団である。

ドイツ人、フランス人、ロシア人、イタリア人、スペイン人などが、この民族という単位に当たる。

これは客観的な基準によって成立するのではなく、あくまで集団の構成員の思い込みで決まる。同じ言葉を話したり、同じ宗教を信じていれば、この思い込みは容易になる。こうした民族主義が高まってくると、多数派のキリスト教徒は、**少数派のユダヤ教徒**を排除する傾向が強まった。ユダヤ人を同じ民族として受け入れようとはしなかった。つまり、宗教が違うからである。こうした流れの中でユダヤ人に対する迫害が高まったのだ。

ユダヤ人が、民族国家のメンバーとして認められないならば、のけ者にされた自分たちだけの国を創ろう。そうすれば、そこではユダヤ教徒という宗教の違いゆえの差別は存在しなくなる。これがシオニズムを生み出した考え方である。

しかし、考えてみれば、不思議な発想である。既に人々が住んでいる土地に、ヨーロッパ人が移り住んで、新しい国を創ろうというのである。前から住んでいた人々の都合などは、そこでは真剣に考慮されていない。なぜ、こうした発想が出てきたのだろうか。

それは、19世紀末が民族主義の時代であると同時に、帝国主義の時代であったからである。帝国主義というのは、**ヨーロッパの大国**が、またはアメリカが、アジア、アフリカ、ラテン・アメリカを自分たちの都合だけで自由に分割し、支配する構図をさす。

この時期のヨーロッパやアメリカの人々は、勝手に世界を動かしていた。こうした時代の発想であったからこそ、現地（パレスチナ）の人々の意向を無視してのパレスチナでの**ユダヤ人の国家建設**が始まった。シオニズムをあおった第二の風は、**帝国主義**であった。

シオニズムを推進する人々を**シオニスト**と呼ぶ。シオニストたちは、パレスチナの地主たちから土地を購入して移住し、そこで農業を始めた。しかし、そうすると、パレスチナ人の地主の土地を耕していたパレスチナ人の農民は、土地を追われる結果となった。なぜならば、ユダヤ人たちは、自分たちの手で土地を耕作したからであり、パレスチナ人を雇用しなかったからである。この考え方の背景には、次のような認識があった。

ヨーロッパにおけるユダヤ社会は、いびつである。なぜならば、地に足のついた生活をしている人々、つまり農民が少なかったからだ。

当時のヨーロッパの「普通」の社会では多くの農民がおり、そして比較的に少数の商人などがいた。しかし、ユダヤ人の場合は逆であった。

ユダヤ人の伝統的な仕事は、**金貸し**であり、商売人であり、仲買人であり、医者であり、弁護士であり、研究者であり、芸術家であり、音楽家であった。つまり組織に頼らず、**自分の才覚**のみで生きていた。これはユダヤ人が差別された結果であった。

ヨーロッパでは多くの場合、ユダヤ人は伝統的に居住地域を限定されており、その外には住めなかった。こうしたユダヤ人地区を**ゲットー**と呼ぶ。となれば、大半の場合には農民になどなれるはずもなかった。ユダヤ人の社会は、下の図で紹介しているように、地に足のついていない不安定な逆三角形であった。

シオニストたちは、パレスチナでは普通の三角形の社会の建設を望んでいた。つまり、多くのユダヤ人が農民となり、地に足のついた生活をおくる。それがシオニストたちの農業への愛着の源泉であった。

自らの手で土を耕す。これこそが、シオニストの夢であった。この考え方に拍車をかけたのが、やはり、この時期のヨーロッパにおける知的な風潮の**社会主義**であった。この社会主義が、民族主義、帝国主義とともにシオニズムを駆り立てた第三の風である。

この思想は、搾取《さくしゅ》（何も持たない人を安い賃金で雇うこと）を悪とする。理想は**搾取なき社会**であり、私有財

地に足のついた「普通」の社会

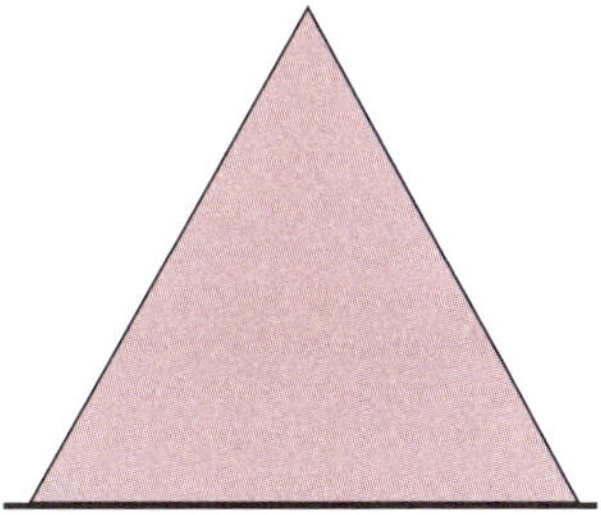

当時のヨーロッパでは、農業が地に足がついている安定した生活と考えられていた

ヨーロッパのユダヤ社会

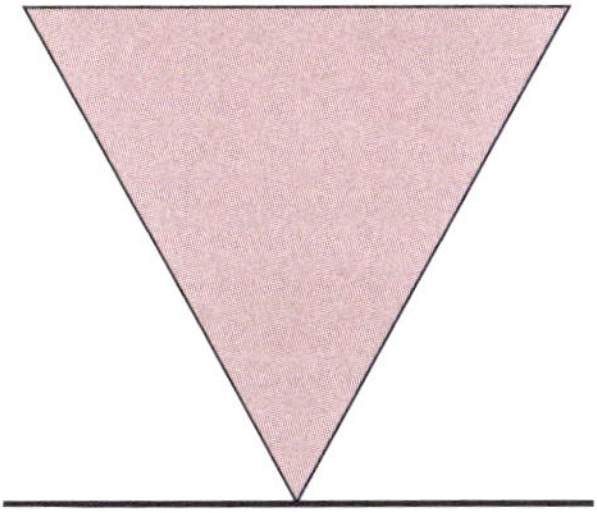

ユダヤ社会は地に足のついた農民が少なく、組織に頼らず自分の才覚のみで生きていた

産の所有に否定的である。

シオニストたちは、パレスチナ人の不在地主（その地に住んでいない地主のこと）などから土地を購入し、そこに**キブツ**と呼ばれる共同農場などを組織して、共同作業に従事した。そこでは、各自最低限の私有財産しか保有しなかった。

問題はパレスチナ人の地主に雇われていた**パレスチナ人の小作農**である。シオニストたちは、自ら直接に農作業に従事したので、小作農は必要としなかった。シオニストが土地を購入すると、そこからはパレスチナ人が排除された。

ヨーロッパの進んだ農業技術と資本が、現地の労働力（パレスチナ人）と融合することはなかった。ヨーロッパの飛び地であるキブツなどの農場が、伝統的なパレスチナ社会と接点もなく併存したのである。

イギリスの三枚舌

シオニストたちが、国家建設の地と定めたパレスチナは、それでは誰が支配していたのだろうか。第一次世界大戦の終結まで、**オスマン帝国**という国が存在した。ここで帝国というのは〝巨大な国家〟という意味である。

この帝国は、現在のトルコの**イスタンブールに首都**を置き、ヨーロッパ、アジア、アフリカに及ぶ巨大な領域を支配していた。

パレスチナは、この帝国の一部であった。そして、そこにはイスラム教徒、キリスト教徒、そして、少数ながらユダヤ教徒も生活していたが、争いはなく仲良く暮らしていた。

シオニストたちは、まず〝スルタン〟と呼ばれるオスマン帝国の支配者を説得して、パレスチナへの移住を始めた。

やがて1914年に、**第一次世界大戦**が始まった。イギリス、フランスなどの**連合国側**と、ドイツ、オーストリアなどの**同盟国側**の戦争であった。オスマン帝国は、ドイツやオーストリアなどの同盟国側に参

加した。

連合国側のイギリスは、同盟国側のオスマン帝国を混乱させようとした。まずオスマン帝国支配下のアラブ人に反乱を呼びかけた。戦争に勝利した後には、**アラブ人の独立国家**を約束した。

1915〜1916年にかけて、イギリスの指導者の〝マクマホン〟とアラブ人の指導者の〝フセイン〟との間に、アラブ人の独立国家を約束する書簡（手紙）が交換された。これを**フセイン・マクマホン書簡**と呼ぶ。ちなみに、このフセインは、イラクのフセイン元大統領とは無関係の人物である。フセインという名は、イスラム教徒の間で多い名前なのだ。

他方でイギリスは、シオニストたちの**戦争への協力**も求めた。そしてシオニストたちに、戦争に勝利を収めた後には、パレスチナに国家のようなものを創ることを許すと1917年に約束した。

一枚舌
アラブ人の
独立国家を
創りましょう
イギリス

二枚舌
シオニストの国を
パレスチナに
創ってもいいよ

これは、約束したイギリスの政治家の名前（アーサー・バルフォア）をとって**バルフォア宣言**として知られる。一つの土地を、アラブ人とシオニストの両方に約束したわけである。イギリスの二枚舌外交であった。

しかし、1916年にイギリスはフランスともオスマン帝国のアラブ人地域を分割する約束をしていた。これを、イギリスとフランスの**サイクス・ピコ協定**という。サイクスとは、この協定の交渉にかかわったイギリス人、ピコはフランス人の名前である。

この「サイクス・ピコ協定」では、現在の**シリアとレバノン**をフランスの勢力範囲に、イラク、ヨルダン、パレスチナをイギリスの勢力範囲に定めていた。

つまり、同じ土地をアラブ人とシオニストの両方に約束して、あげくの果《は》てには、自らのものにしようと考えていたわけだ。紳士の国イギリスならではの、**三枚舌外交**である。

三枚舌

第一次世界大戦後、パレスチナは、イギリスの支配する地域となった。具体的には、パレスチナは**イギリスの委任統治領**となった。誰の委任を受けているのかと言えば、第一次世界大戦後に発足した**国際連盟**であった。

連盟の委任を受けてイギリスは、パレスチナの人々が独り立ちできるようになるまでの期間、この土地を統治する形となった。実質上は、イギリスの領土となったが、さすがに時代も20世紀に入ると、余りにあからさまな植民地支配はためらわれるようになっていた。そこで**委任統治**という名目が使われた。つまり、アラブ人とシオニストに**約束した土地**を、どちらとの約束も守らずにイギリスは自分のものにしてしまったのだ。

こうしてパレスチナが、イギリスの支配下に入った。シオニストたちは、バルフォア宣言を根拠に、ユダヤ人のパレスチナへの移民を許可するように、引き続きイギリスに働きかけた。

イギリスは、消極的ながらもこれを許した。

しかしながら、シオニストたちの努力にもかかわらず、パレスチナへユダヤ人を送り込む事業は、低調であった。多くのユダヤ人は、シオニズムに同調していなかったからだ。

多くのユダヤ人は、ドイツやイギリス、フランスでの生活を捨てようとはしなかった。成功している場合は特にそうであった。各国のユダヤ人を集めてユダヤ民族と呼び、ユダヤ人の国を創ろうという考え方に否定的であった。

そもそも、ユダヤ人とは誰だろうか。それはユダヤ教を信じている人を意味する。つまり、**ユダヤ教徒**である。とすると、イギリスのユダヤ教徒とドイツのユダヤ教徒は、同じユダヤ教徒だからユダヤ人という同じ民族だ、という論法は奇妙である。

他の宗教であれば、こうした議論はない。たとえば、イギリスのカトリック教徒とドイツのカトリック教徒は同じカトリック教徒だからと言って、**カトリック人**になったりはしない。それは単に、イギリスのカトリック教徒とドイツのカトリック教徒にすぎない。

タイの仏教徒と日本の仏教徒が同じ仏教徒だからと言って、**仏教徒人**などにはなりえない。

多くのユダヤ人、つまりユダヤ教徒は、各国のユダヤ教徒を一つの民族と考えるシオニズムには否定的であったのだ。

ナチスの台頭とヨーロッパのユダヤ人

1930年代に入ると、ヨーロッパからユダヤ人を押し出す圧力が強まった。それは、1933年にドイツで**ナチス**という名の政党が政権を取ったからである。ナチスは、神は世界で一番優秀な民族としてドイツ人を創《つく》られた、と主張した。

民族の優秀性は、その強さによって証明されている。古来、ドイツ人は、強い民族として知られてきた。にもかかわらず、ドイツ人は、国内にユダヤ人の存在を許し、ユダヤ人と混じり、その**優秀な民族の血の純潔**を汚してきた。それに対する神の罰が、第一次世界大戦でのドイツの敗北であった、というのである。

こうした議論から出てくる考えが、**ユダヤ人の排除**であった。ドイツ国内で差別が激しくなると、ユダヤ人たちは脱出を始めた。しかし、各国は国境を閉ざし、ユダヤ人を積極的に受け入れる国はなかった。やむなくユダヤ人たちは、パレスチナに流入した。これによって、多数のユダヤ人をパレスチナに送り込むという、シオニストになしえなかった事業をヒトラーが達成したのだった。

資本と技術を持ったユダヤ人の流入で、パレスチナのユダヤ人の社会は大いに発展した。

パレスチナ管弦楽団（現イスラエル・フィルハーモニー管弦楽団）ができたのも、1936年のことである。

しかし、ユダヤ人社会の発展は、現地のパレスチナ人の反発を引き起こした。両者の摩擦が激しくなった。そして、1939年に**第二次世界大戦**が始まる。第二次世界大戦の開戦段階では、ドイツとイタリアを中心とする**枢軸諸国**が優勢であり、イギリスやフランスなどの連合国側を圧倒した。

ドイツは、フランスを打ち破ったのを含め、ヨーロッパ大陸の大きな部分を占領した。そこでは、ユダヤ人の絶滅政策が開始された。ポーランドの**アウシュビッツ**を始め、ヨーロッパ各地に強制収容所が建設され、そこにユダヤ人が送り込まれ虐殺《ぎゃくさつ》された。その数は、最終的には600万人に達した。

2010年6月・筆者撮影

多くのユダヤ人が収容され、虐殺されたアウシュビッツ収容所。写真は当時のガス室跡

その後、連合国側が反撃に出て占領地を解放すると、次々に**強制収容所での虐殺**の実態が明るみに出た。世界はショックを受け、ユダヤ人に同情的な国際世論が生まれた。

第二次世界大戦が1945年に終結すると、ヨーロッパで生き残ったユダヤ人たちは、パレスチナを目指した。

その頃のパレスチナの情勢は、どうなっていたのだろうか。第二次世界大戦に関しては、中東全体のムードはドイツ寄りであった。イギリスやフランスの支配下にあった人々が、イギリスやフランスを敵に回して戦うドイツに同情的なのは自然であった。

しかし、パレスチナのユダヤ人社会は、親イギリスであった。ユダヤ人を迫害しているナチス・ドイツと戦うイギリスへの支持は、これもまた当然である。ドイツの勝利は、ユダヤ人の全滅を意味したからだ。しかしながら、第二次世界大戦の行方が明らかになると、つまり、連合国側の勝利が確実になると、パレスチナのシオニストたちは、反イギリスに転じた。イギリスを追い出し、パレスチナに自分たちの国を建設したかったからだ。

イギリス軍に対する**ゲリラ攻撃**を、シオニストたちは開始した。イギリスから見れば**テロ攻撃**である。

このゲリラとかテロという言葉は難しい。ゲリラとは、正面から軍隊と対決するのではなく、民間人などの間に身を隠し、隙を見て軍隊の背後から、または夜間などに攻撃をする人々のことを言う。あるいはその戦法をゲリラと言う。通常は、力の弱い勢力が強力な軍隊に対抗する手段の一つである。

テロというのは、ある政治的な目的を達成するために、**暴力を行使**する行為のことである。たとえば、指導者の暗殺などはテロである。テロとゲリラの区別は、あいまいである。たいていの場合は、攻撃をしかけている方は、自らの攻撃をゲリラと呼び、受けている方は、それをテロと呼ぶ。

イスラエルの成立とパレスチナ難民

シオニストの攻撃によって被害が大きくなると、イギリスは**パレスチナの放棄《ほうき》**を決める。イギリスは、第一次世界大戦後に、国際連盟によって委任を受けていたので、国際連盟にパレスチナを戻すのが筋であった。

しかし、第二次世界大戦が起こるのを防げなかった国際連盟は、消滅していた。そして、それに代わる組織として、第二次世界大戦直後に**国際連合（国連）が結成**されていた。そこでイギリスは、パレスチナの問題を国連に投げ返した。

国連では、1947年にパレスチナの分割が提案された。基本的には海岸部分をユダヤ人に、内陸部分をパレスチナ人に、そしてユダヤ教、キリスト教、イスラム教の三つの宗教の聖地であるエルサレムを**国際管理地域**とする内容であった。パレスチナという一つの土地を、ユダヤ人とパレスチナ人が争っているのだから、それを分割しようという発想であった。

国連総会は、賛成多数で、この提案を可決した。国連の決定なので、これを**国連決議**と呼ぶ。この可決に当たっては、ユダヤ人に同情的な国際世論の存在が大きかった。シオニスト側は、この決議を受け入れ、**1948年にイスラエルの建国を宣言**した。

逆にパレスチナ人や、周辺のアラブ諸国は、この決議を拒絶した。そもそもパレスチナ人の土地であるパレスチナの半分を、欧米を中心とする国際社会が勝手にユダヤ人に与えるというのは、現地の人々には受け入れられなかった。しかも、この時期までにシオニストたちがパレスチナで所有していた土地は、ほんのわずかであった。にもかかわらず、それよりもはるかに広い土地をシオニストに与える決議は不公平であった。

34ページの、イスラエル建国の2年前の1946年のパレスチナにおける土地所有を示す地図を見ていただきたい。シオニストの所有していた土地が白く示されている。この当時、わずかな割合にしかすぎなかったのが確認できる。

ところが1947年の国連の分割決議は、パレスチナの55パーセントをシオニストに割り当てていた。人口を見ても、**ユダヤ人の人口は65万**であり、**パレスチナ人は100万**を超えていた。つまり、少ない人口の方に半分以上の土地を与える内容である。これではパレスチナ人が決議に反対するのも当然である。35ページのイスラエル建国前の土地所有の地図と、34ページの国連分割決議案の地図を見比べると一目瞭然である。

そして、パレスチナ人を支持する周辺のアラブ諸国の軍隊が、イスラエルを倒すために介入した。しかし、シオニストたちは、これを打ち破り新生イスラエルを守った。

この戦争を**第一次中東戦争**と呼ぶ。戦争が終わったときには、イスラエルは、国連決議が割り当てた以上の土地を支配していた。その支配地域は、36ページの地図の白色の部分のようになる。

パレスチナ全域の約78パーセントをシオニストが制圧した。残りの22パーセントは、西南のガザ地区と、北東のヨルダン川西岸地区である。ガザ地区はエジプトが、ヨルダン川西岸地区はヨルダンが支配下に置いた。

こうしてシオニストの夢が実現した。そして、パレスチナ人の**故郷の喪失という悪夢**が始

イスラエル建国前の1946年のパレスチナ

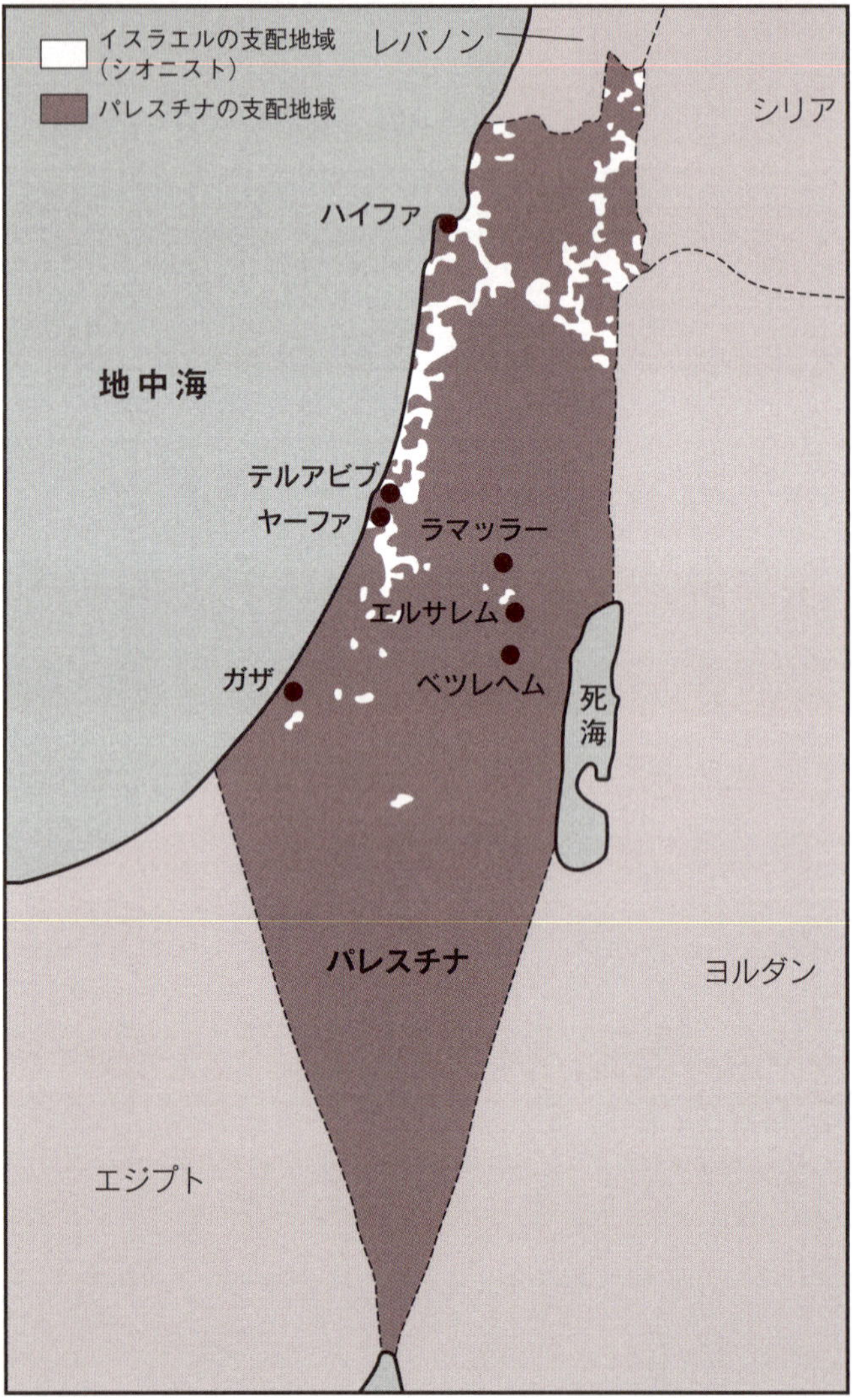

1947年の国連分割決議案

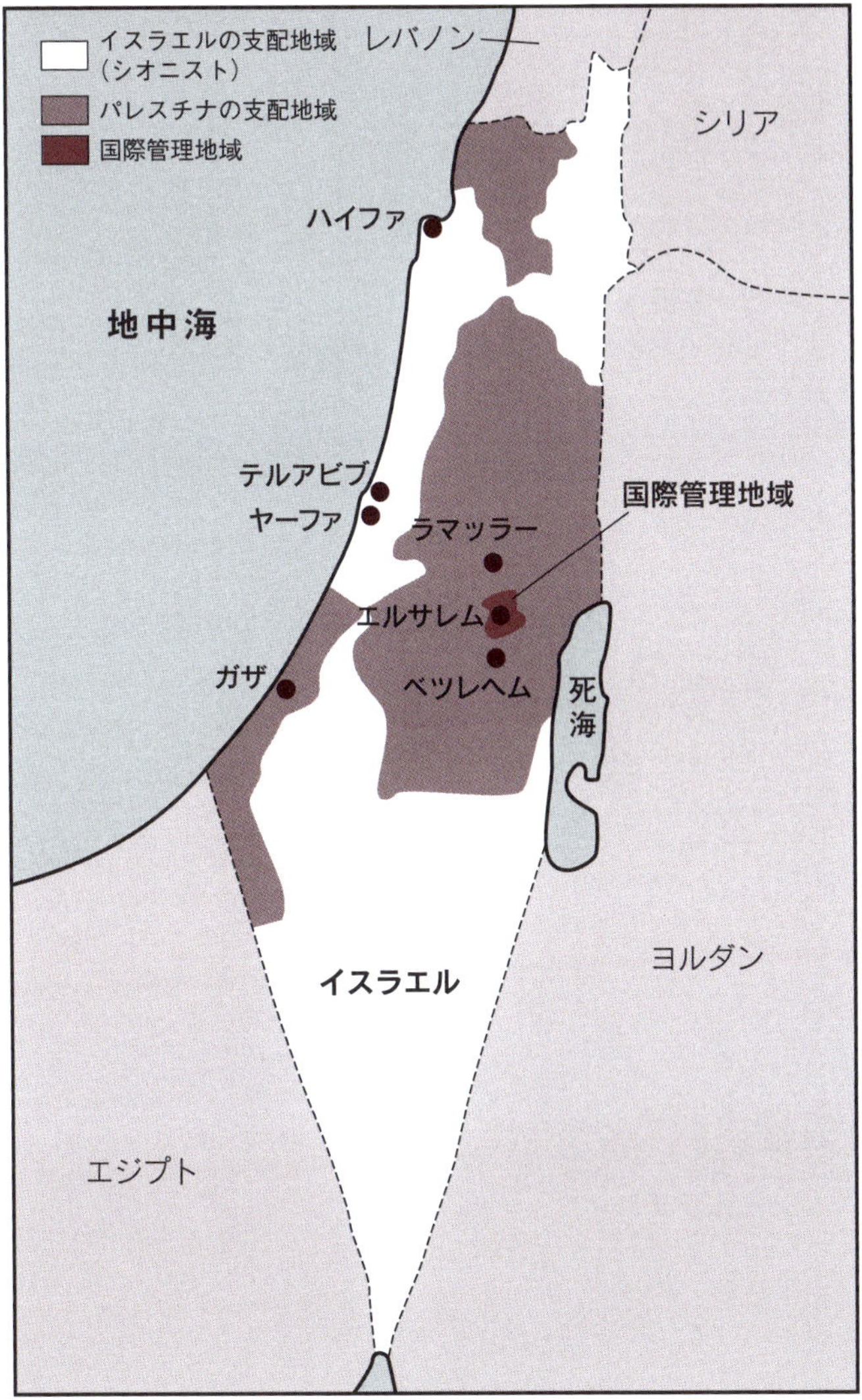

「第一次中東戦争」後のパレスチナ

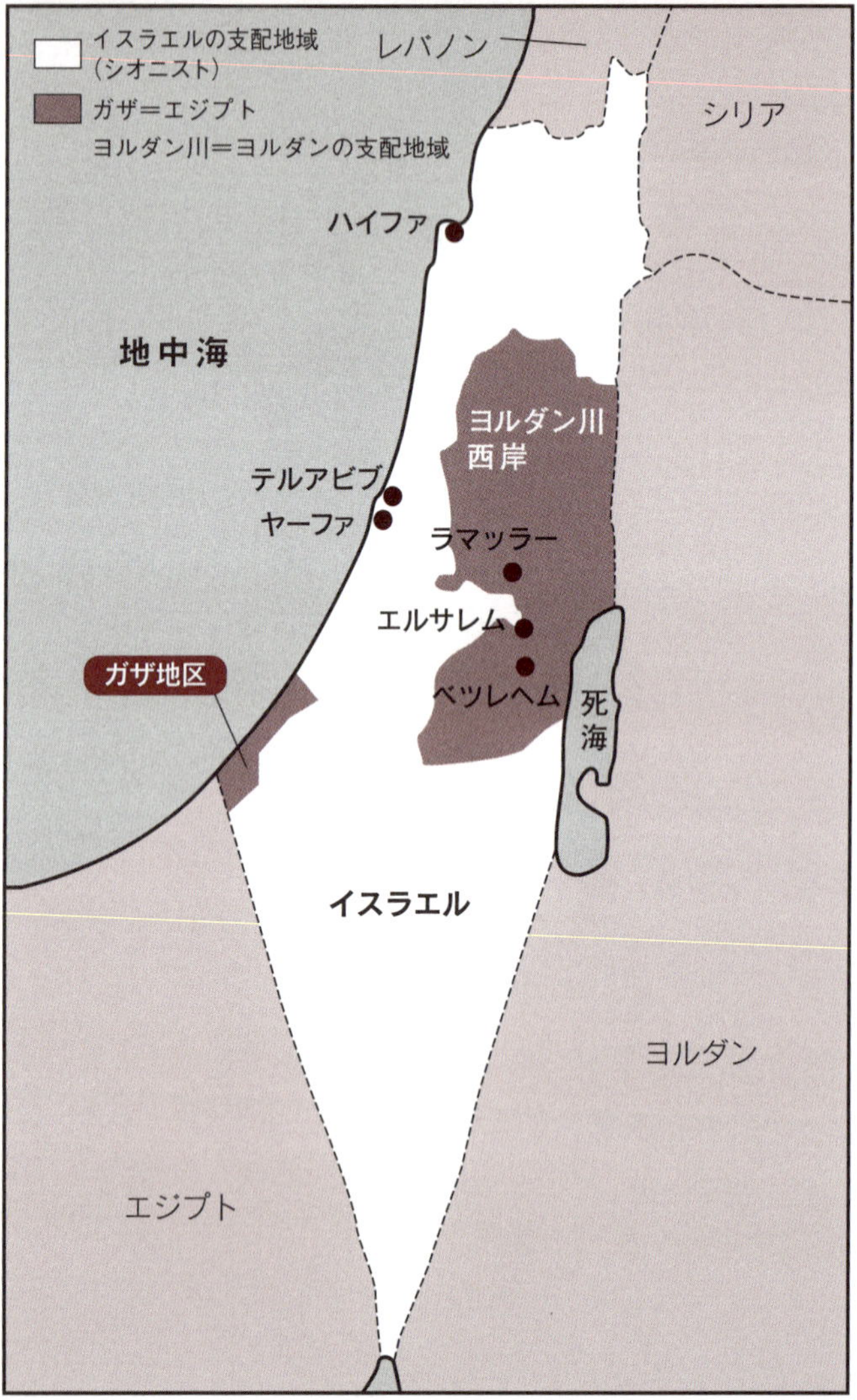

まった。イスラエルの成立時、多くのパレスチナ人が自分たちの土地から追放された。その数は、75万人であった。

ヨーロッパで迫害を受けたユダヤ人が、パレスチナにイスラエルという国を創り、その結果として、もともとパレスチナに住んでいた人々が故郷を失った。

そして、ヨーロッパ諸国は、イスラエルを支援した。考えてみればヨーロッパで迫害を受け、ヨーロッパの外に国を創ったユダヤ人は、被害者とも言える。

また、その被害者がパレスチナ人を追い出し加害者となった。ヨーロッパ人は、パレスチナ人のつけで**ユダヤ人への借り**を返した形である。

そして、もちろん最大の被害者は、パレスチナ人である。たとえてみれば、ユダヤ人がヨーロッパ人に二階から突き落とされた。そしてちょうど、そのと

きに下を通りかかったパレスチナ人の上に落ちた。そのような風景であろうか。

「燃える家の二階の窓から飛び降りたら、下を通りかかった人がいて、その人がケガをした」――あるイスラエルの平和活動家は、そういうふうに状況をたとえた。

燃える家はヨーロッパであり、しかたなく窓から飛び降りたのがユダヤ人であり、巻き添えでケガをしたのがパレスチナ人である。

いずれにしろ、こうして1948年にイスラエルが成立した。これをもって紛争が始まり、この**紛争の歴史は、約60年**とも言われている。

しかし、説明してきたように、問題が発生したのは、それ以前である。19世紀末に始まったヨーロッパのユダヤ人のパレスチナへの移民によって引き起こされている。

ただイスラエルの建国と同時に**パレスチナ難民問題**が発生した。つまり、60年の歴史として語れるのは、パレスチナ問題そのものではなく、その問題の中の一つの問題であるパレスチナ難民問題である。

イスラエルは、難民が故郷に戻るのを妨《さまた》げ、難民の残した家や土地を没収し、新たにヨーロッパや中東各国から移民してきたユダヤ人に与えた。

イスラエルの存在を認めない周辺のアラブ諸国と、イスラエルの間に対立が続いた。そして1956年に**スエズ戦争**とも言われる**第二次中東戦争**が、さらに、1967年に**第三次中東戦争**が起こった。

第三次中東戦争では、イスラエルがエジプト、ヨルダン、シリアを打ち破った。エジプトからはガザを、ヨルダンからはヨルダン川西岸地区を奪った。これでパレスチナの地のすべてが、イスラエルの支配下に入った。

さらにエジプトからは**シナイ半島**を、シリアからは**ゴラン高原**を奪った（40ページの「第三次中東戦争」後のパレスチナと周辺の地図を参照）。これらは歴史的にパレスチナと考えられてきた範囲の外側の土地である。この戦争は6日間で終了し、中東の政治風景を一変させた。

この戦争でイスラエルが新たに支配下に収めた土地、つまりヨルダン川西岸、ガザ地区、シナイ半島、ゴラン高原は、国際法上は占領地とされる。しかし、この占領地にユダヤ人が移り住み始めた。これを入植と呼び、占領地でユダヤ人が住んでいる地域を**入植地**と呼ぶ。この戦争以降、現在に至るまで入植地は拡大を続けている。

「第三次中東戦争」後のパレスチナと周辺

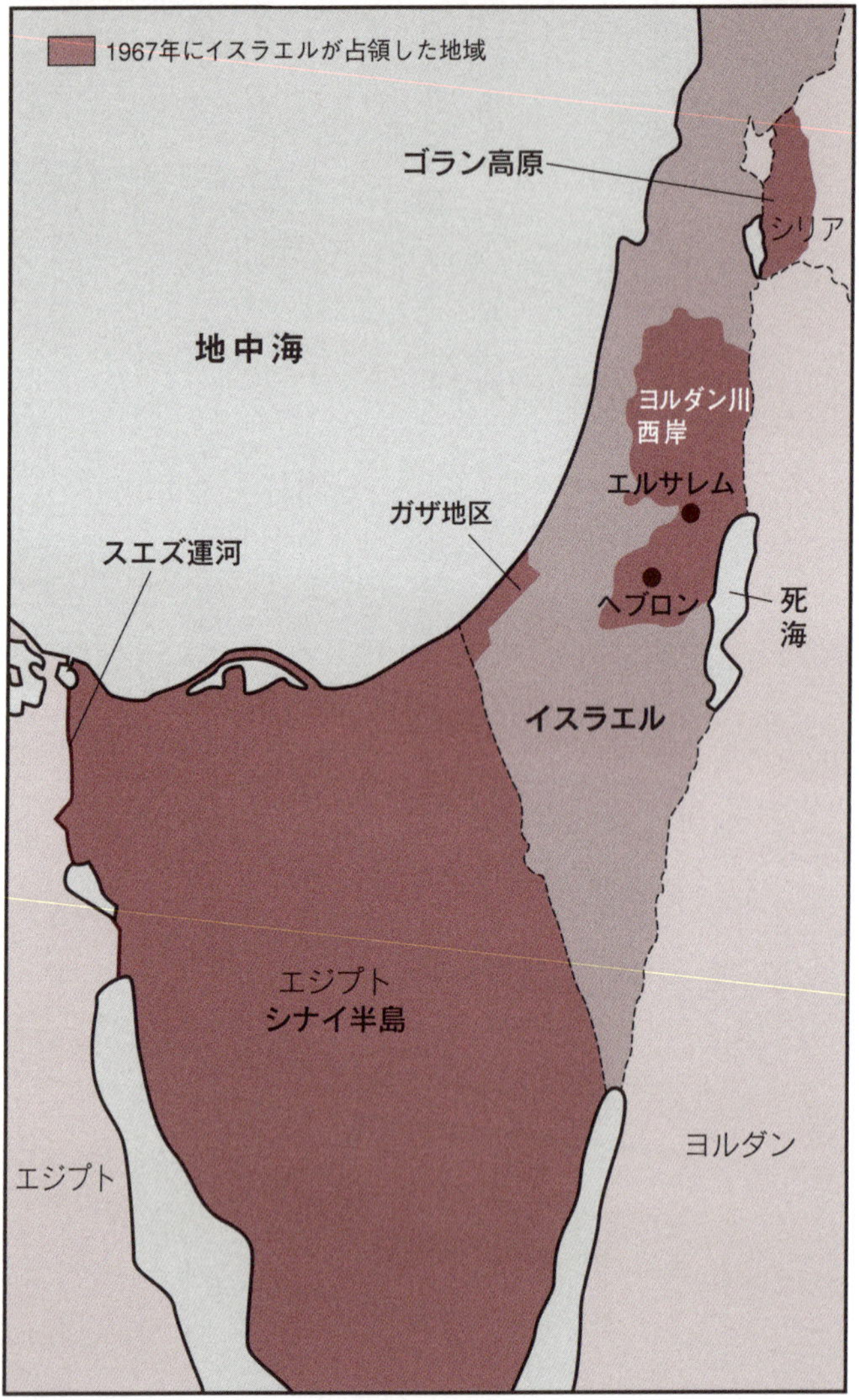

アラファトとPLO

エジプトの**ナセル(ガマール・アブドゥル・ナセル)大統領**が、故郷を解放してくれると期待していたパレスチナ人にとっては、1967年の第三次中東戦争でのアラブ諸国の敗北は、ショックであった。もはや誰にも期待できない。

パレスチナ人は、自ら戦う以外ないとの決意を固めた。そうした動きの先頭に立っていたのが、**ヤセル・アラファト**であった。アラファトはゲリラを組織し、ヨルダンを拠点に出撃し、ヨルダン川西岸のイスラエル軍を攻撃した。

1968年、イスラエル軍は、アラファトのゲリラを追って、**ヨルダンのカラメ**という村に侵攻した。ここでアラファトのゲリラたちは、反撃してイスラエル軍を退却させた。これがアラブ世界を歓喜させた。

エジプト、シリア、ヨルダンの軍隊を6日で敗走させたイスラエル軍に、パレスチナ人のゲリラが一矢を報いたからだ。アラファトは英雄となり、1969年に**PLO**(Palestine《パレスチナ》 Liberation《リベレイション》 Organization《オーガニゼイション》:**パレスチナ解放機構**)の、第2代議長に就任した。

しかし、ヨルダンを拠点とするパレスチナ・ゲリラの活動は、**ヨルダンの王制**を脅かした。

ヨルダンは、第一次世界大戦後にオスマン帝国から奪った土地に、イギリスが人工的に創り上げた国である。その王は〝アブダラ〟で、パレスチナの地を約束されていた〝フセイン〟の息子であった。

イギリスが、第一次世界大戦中にオスマン帝国に支配されていたアラブ人に反乱を呼びかけ、戦争に勝利したら独立国家を認めると約束した「フセイン・マクマホン書簡」については、前に紹介した。このフセインというのは、当時の**アラブ人の指導者**であった。

このヨルダンに、イスラエルの成立後に多くのパレスチナ人が難民として流入した。現在のヨルダンの人口の半分以上は、難民と、その子孫のパレスチナ人である。

ヨルダンの**アブダラ国王**は、公然とイスラエルと交渉したために、パレスチナ人の怒りを買い、暗殺されてしまった。その後継者となったのは、孫の〝フセイン〟であった。

1970年、フセインのヨルダン軍とパレスチナ人のゲリラが衝突した。ヨルダン内戦とい

ゲリラを組織し、ヨルダンを拠点にヨルダン川西岸のイスラエル軍を攻撃。英雄となったヤセル・アラファトは、第2代PLO議長に就任した
写真提供：共同通信社

う事件である。ヨルダン軍が勝利を収め、多くのパレスチナ人が殺された。敗れたアラファトは、残ったゲリラとともにレバノンへと移動した。亡命先からの**亡命**であった。パレスチナ・ゲリラがレバノンへ逃げ込んだのは、レバノンの政府の力が弱く、それを阻止できなかったからである。

また、1948年のイスラエルの成立時に、多くのパレスチナ人が難民としてレバノンへ流入していた。アラファトは、レバノンに拠点を移して、北からイスラエルを攻撃した。

キャンプ・デービッド合意とレバノン侵攻

1973年、エジプトとシリアがイスラエルを奇襲攻撃して、**第四次中東戦争**が始まった。この戦争において、サウジアラビアなどのアラブ産油諸国は、イスラエルを支援するアメリカに対する**石油輸出の禁止**などを含む一連の措置を発表した。

この措置は、当時アラブ諸国の石油に頼るようになっていた世界経済に大きな打撃を与えた。これは、第一次石油危機として知られる。パレスチナ問題が、石油を通じて世界経済を揺さぶった。

この戦争後にエジプトは、イスラエルとの和平を選択し、1979年にアメリカの仲介によって**キャンプ・デービッドの合意**に達した。

キャンプ・デービッドは、交渉の行われた**アメリカ大統領の避暑地**の地名である。この合意によってエジプトは、イスラエルを承認し、平和条約を締結した。そしてイスラエルは、エジプトにシナイ半島を返還した。

イスラエルは成立以来、北のシリア、そして南のエジプトという二つの敵対するアラブ国家にサンドイッチにされてきた。ところがエジプトと平和条約を結び、南からの脅威を心配しなくてよくなった。軍事的に余裕の出てきたイスラエルは、1982年、北のレバノンに侵攻した。レバノンを根拠地に、イスラエルに対する闘争を行っていた**パレスチナ人のゲリラ**を、全滅させる目的であった。

イスラエル軍は、たちまちレバノン南部を制圧し、レバノンの首都ベイルートに迫った。シリアは、呆然《ぼうぜん》とイスラエル軍の進撃を見つめるだけであった。他のアラブ諸国も動かなかった。パレスチナ人の指導者〝ヤセル・アラファト〟とゲリラは、ベイルートでイスラエル軍に包囲された。

ここで交渉が行われ合意が成立した。アラファトとゲリラは、武器を持って船でベイルートを離れた。アラファトは、**北アフリカのチュニジア**を新たな亡命先とした。ゲリラが退去すると、パレスチナ人の難民キャンプが無防備になった。その一つであるサブラ・シャティーラ難民キャンプに、イスラエルと同盟を結んでいたレバノンのキリスト教徒の勢力の部隊が入り、無防備の人々を虐殺した。イスラエル軍は、周囲に展開していたが、これを止めようとはしなかった。

イスラエルに占拠されたレバノン南部の人々は、やがて抵抗運動を始めた。レバノン南部は、主として**イスラム教シーア派**の人々が生活している。シーア派は同じシーア派の国家イランの支援を得て、**ヘズボッラー（神の党）**という名の組織を作り、イスラエルの占領に抵抗した。そのイランでは、1979年に、つまり、イスラエルのレバノン侵攻の3年前に、イスラム教シーア派の指導者に率いられた革命政権が成立したばかりであった。

ヘズボッラーのゲリラは、勇敢に戦った。犠牲が増えてくると、イスラエルは撤退を決意し、2000年までにレバノン南部から兵を退いた。中東最強のイスラエル軍に対する、ヘズボッラーの勝利であった。

インティファーダからオスロへ

前項ではアラファトのヨルダンからレバノンへ、そしてレバノンからチュニジアへの旅を追った。また、レバノンにおけるヘズボッラーの勝利を見てきた。

目をパレスチナ占領地、つまり、ガザとヨルダン川西岸の情勢に戻してみよう。そこではイスラエルがパレスチナ人の土地を奪っていた。

奪った土地にユダヤ人たちが移り住み、つまり、前に触れた入植が続いていた。そうした中で1987年、自然発生的にパレスチナ人の大規模な抵抗運動が占領地の全域で始まった。これを**インティファーダ（大衆蜂起）**と呼ぶ。日本では「大衆蜂起」との訳もある。人々はイスラエル軍に石を投げ、タイヤを燃やして交通を妨害した。

イスラエル当局は、次々にパレスチナ人を逮捕したが、投石は続いた。武器を持たず石を

イスラエル軍にパチンコで抵抗する少年
写真提供：共同通信社

イスラエルのラビン首相と、PLO（パレスチナ解放機構）のアラファト議長。アメリカのクリントン大統領の招きで、ホワイト・ハウスでオスロ合意の調印式を行った
写真提供：共同通信社

投げる群衆への対応に、イスラエル軍は困ってしまった。こうした激しい抵抗運動を前に、イスラエル国内では、パレスチナ人との交渉を求める声が高まってきた。

そんなおり、**1992年にイスラエルでラビンが、首相に就任**した。ラビンは、1967年の第三次中東戦争の際に参謀総長という軍のトップの地位にあり、イスラエルを歴史的な勝利へと導いた人物である。1970年代に首相を務めていたので、これが二回目の就任であった。この第二次ラビン政権の外務大臣シモン・ペレスの側近が、密かにノルウェーでアラファトの側近と接触し、交渉を開始した。

そして1993年に両者は合意に達した、これをノルウェーの首都オスロの名を付けて、

オスロ合意と呼ぶ。
アメリカのビル・クリントン大統領が、両者を首都ワシントンの**ホワイト・ハウス（大統領官邸）**に招き、合意の調印式が行われた。これまで敵同士であったラビンとアラファトが、はじめて手を握り合った。これによって1987年から続いていた、パレスチナ人の抗議行動であるインティファーダも終わった。

オスロ合意の内容は、次の三点にまとめられる。第一に、イスラエルとPLOの相互承認、第二に、イスラエルが1967年に占領した地域の一部での**パレスチナ人による自治**の開始、そして第三に、その他の問題の交渉の先送りであった。

第一の点について述べると、イスラエルが、それまでテロ組織と見なしてきたPLOをパレスチナ人の代表として認めた意義は大きい。同時にPLOが、イスラエルを認めた意味も大きい。相互に認め合ったので交渉が可能になったのだ。

第二の自治というのは、パレスチナ人が政府を持つことを意味した。これは国家ではない。具体的には、たとえば軍事部門は正式には与えられていない。その他の点では、自分たちで決定できるようになった。ただ問題は、自治地域が狭かった点である。具体的にはガザ地区、そしてヨルダン川西岸地区のエリコという小さな町のみに自治地域が限定されていた。

オスロ合意にもとづきアラファトは、パレスチナに戻り、パレスチナ自治政府の指導者となった。国はまだ存在しないが、その大統領的な存在となったのだ。また、議会の選挙も行われ、アラファトの支持母体である**ファタハ**という組織が、**議席の過半数**を占めた。この議会は、正式には**パレスチナ立法評議会**と呼ばれている。

オスロ合意の第三のポイントは、その他の問題の交渉を将来に先送りした点であった。イスラエルと将来のパレスチナ国家との最終的な境界、あるいはエルサレムの地位、さらには、パレスチナ難民の**故郷への帰還**などの重要な問題が、すべて将来の交渉に先送りされていた。

その後の交渉でイスラエルは、占領地におけるパレスチナの人口密集地から撤退した。これによって、パレスチナの自治地域はわずかに拡大した。しかし、オスロ合意後もイスラエルは、ヨルダン川西岸地区の土地を奪い続けた。

そして1995年に、イスラエルのラビン首相が暗殺された。犯人はユダヤ人であった。その後、イスラエルと**パレスチナ自治政府**の交渉は、ほとんど進まなかった。その結果、1993年のオスロ合意以降にパレスチナ自治政府の支配下に入った土地は、全占領地、つまりガザとヨルダン川西岸の40パーセントにすぎない。

それは、50ページで紹介している「オスロ合意」後のパレスチナの地図のピンク色に塗られ

「オスロ合意」後のパレスチナ

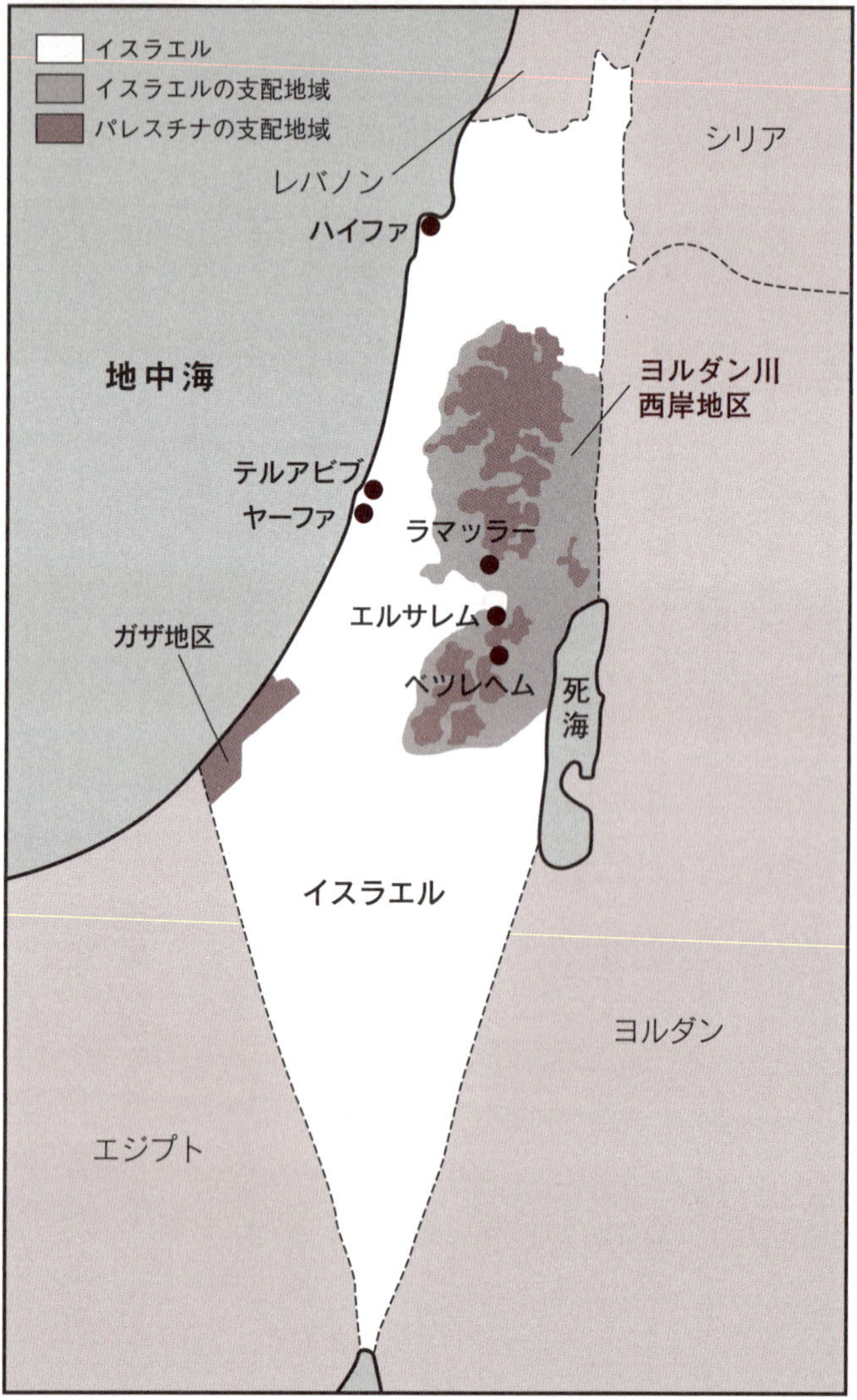

た部分のみである。ということは、占領地は全パレスチナの22パーセントであるから、自治政府が支配しているのは、22パーセントの40パーセントとなる。つまり、0・22×0・40＝8・8パーセントになる。これでは、歴史的にパレスチナ人が自分たちのものであると考えていた土地のわずか1割にしかすぎない。

しかも自治地域は、実は**A地域**と**B地域**に分けられている。A地域のみがパレスチナ自治政府の完全な支配下にあり、B地域は**イスラエルとの共同管理地域**である。そこでは警察などの治安の権限はイスラエルが握っている。パレスチナ自治政府は、その他の部門を管理しているにすぎない。次に52ページの地図を見てみよう。薄いピンクの部分がB地域である。すなわちイスラエルが警察権を握る地域である。そして深い赤の地域がA地域である。これがオスロ合意と、その後の交渉によってパレスチナ自治政府が獲得した土地である。A地域は、パレスチナ全土の4パーセント以下にすぎない。ガザ地区とあわせても、パレスチナ全体の5パーセントにしかならない。

しかも、各地域は連続しておらず分断されている。アラファトは、中東にスイスのような平和なパレスチナ国家を約束した。しかし、現実は穴だらけのスイス・チーズのようである。そして、ヨルダン川西岸をイスラエルが建設した道路網が細かく切り裂いている。その上、

ヨルダン川西岸地区のパレスチナ自治区

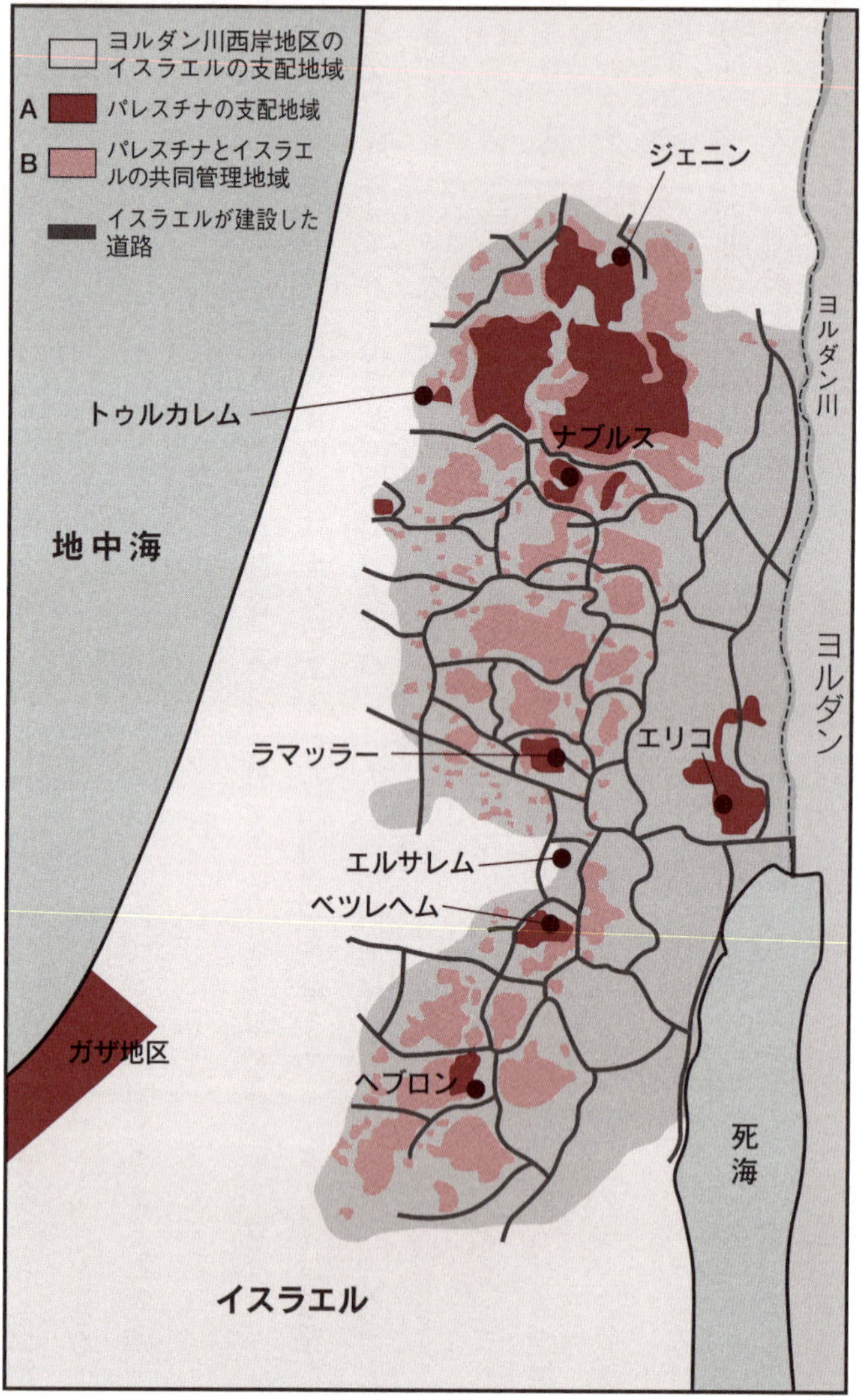

イスラエルは、パレスチナ人から土地を奪い続け、奪った土地に入植を続けた。54ページの地図を見てほしい。赤い三角点が**入植地**である。赤色の部分は、入植地が集中している地域である。

パレスチナ側にとっては、実りのない交渉が続いた。そうした状況の中で2000年、イスラエルの有力政治家の**シャロン**がエルサレムのイスラム教の聖地に護衛をつれて入った。これはエルサレムのすべてが、イスラエルの支配下にあると示すための行為であった。

これに対してパレスチナ人は怒り、占領地全域で再び抗議行動が燃え上がった。これを**第二次インティファーダ**と呼ぶ。あるいは、シャロンの入ったイスラム教の聖地のモスクの名前がアルアクサなので、これを**アルアクサ・インティファーダ**とも言う。今度は石を投げるだけでなく、パレスチナ人は、銃を使い、また**自爆攻撃**に訴えた。

第二次インティファーダの時期に首相となったシャロンは、圧倒的な軍事力を行使した。パレスチナ人の人口密集地が破壊され、多くの死傷者が出た。

第二次インティファーダの時期に首相になったシャロンは、軍事力を行使し、占領地への入植政策を加速させた
写真提供：共同通信社

ヨルダン川西岸地区におけるイスラエル人の入植地

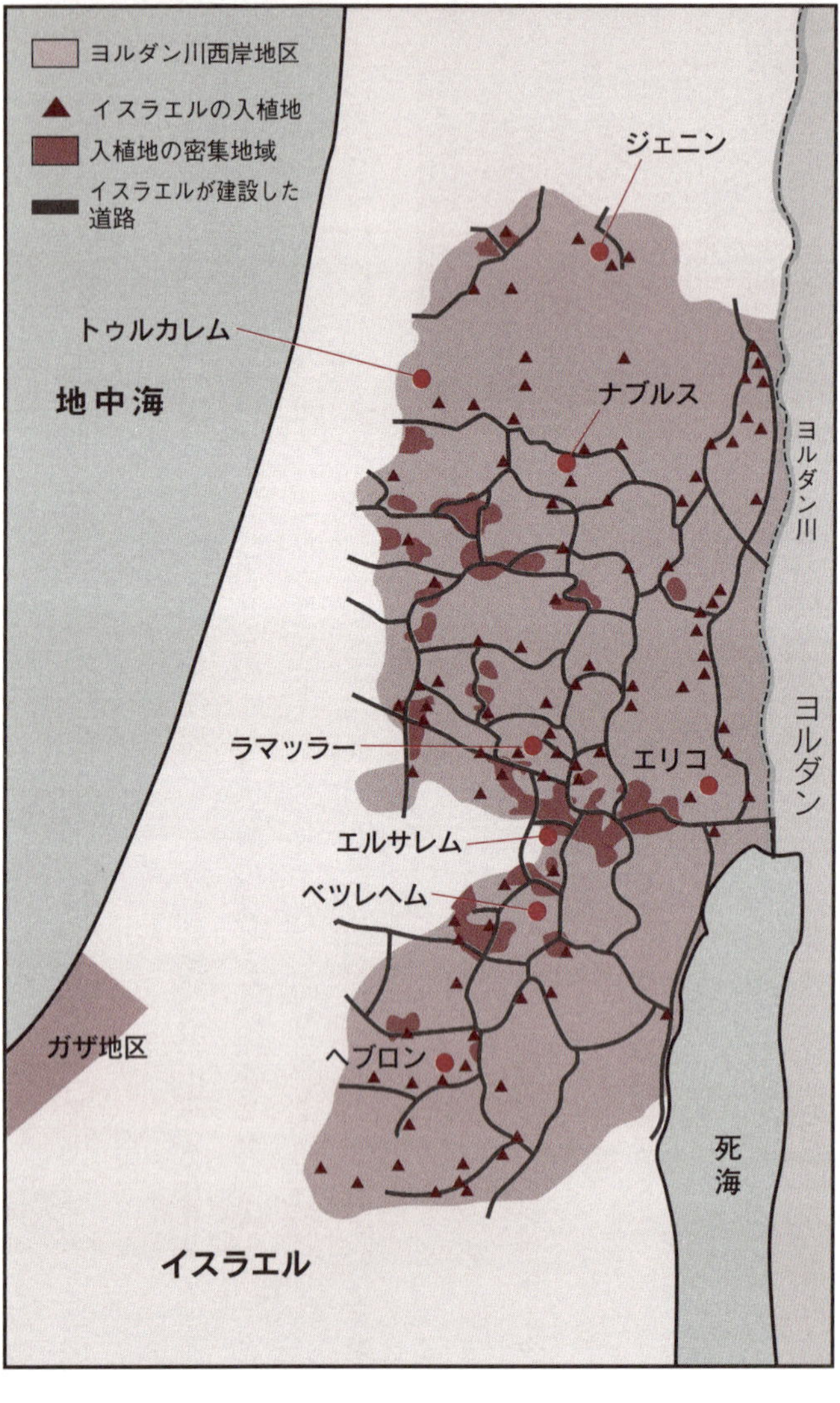

また、指導者のアラファトはイスラエル軍により、狭い家屋に閉じ込められる状況に置かれた。そのアラファトが、2004年にパリの病院で死亡した。その後、部下の**マフムード・アッバース**が後継者となった。

シャロンは、占領地への入植政策を加速した。占領政策の一環として、イスラエルは、ヨルダン川西岸に数多くの**検問所**を設けている。

パレスチナ人が移動するには、この検問所を通過する必要があるが、イスラエル側は、しばしば検問所を閉鎖して、パレスチナ人の生活を妨げている。逆に入植地はイスラエルの建設した道

2006年3月・筆者撮影

イスラエルのシャロン首相は、テロを防ぐという口実でヨルダン川西岸の内部に切り込む形で壁を建設した。これはヨルダン川西岸のかなりの部分をイスラエルに併合する準備と見られている

ヨルダン川西岸地区におけるイスラエルの検問所

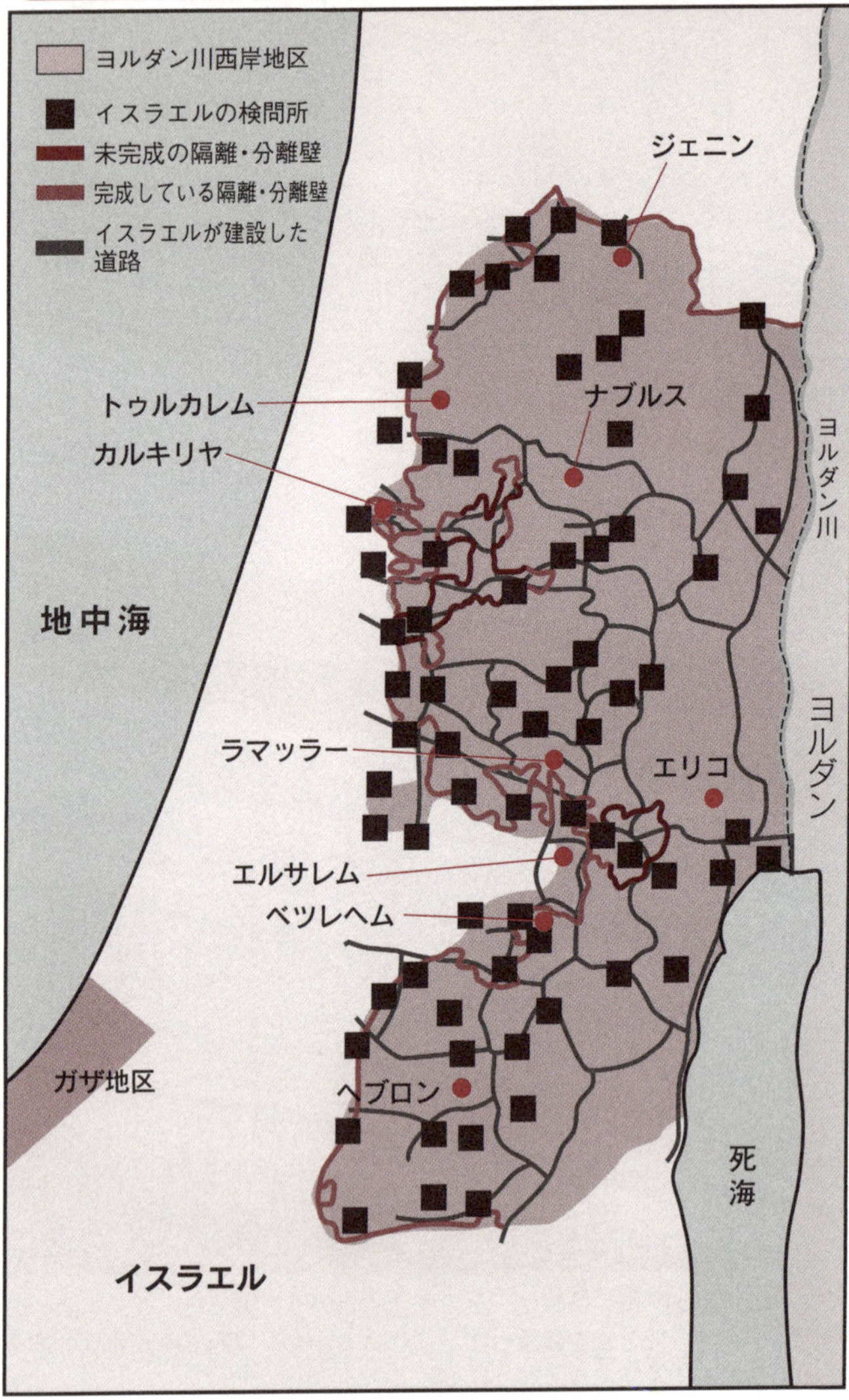

路で結ばれ、ユダヤ人のみが自由に移動している。そればかりか、シャロンは、ヨルダン川西岸の内部に切り込む形で**壁の建設**を開始した。

これはテロを防ぐというのが口実だが、実質はヨルダン川西岸のかなりの部分を**イスラエルに併合**する準備と見られている。右ページの地図の黒四角が検問所で、赤い線が壁である。

ハマスとファタハ

シャロンのとった政策に、パレスチナ人の不満はつのるばかりであった。そうした状況を背景に、イスラム組織**ハマス(Hamás)**が支持を拡大した。

ハマスとは、アラビア語でイスラム抵抗運動を意味するHarakat al-Muqáwamat al-Islámiyaの頭文字をつないだ言葉である。そしてハマス自体には、「燃え上がる」という意味がある。

そもそもハマスという組織の源流は、**ムスリム同胞団**という20世紀の前半にエジプトで起こった組織にある。この組織は、現代をイスラム国家においてもイスラム教が退廃した時代であると見なしている。

この同胞団は、その退廃の中で、**イスラム教の教え**を正しく実行し、個人、家庭、社会と下からイスラムの教えを復興させていこうと主張し、エジプトから各国へ組織を広げ、それがパレスチナ人の間にも支持を広げていた。

パレスチナ人の間にPLOの影響力が広がるのを嫌っていたイスラエルは、このムスリム同胞団をライバルとして育てたいと考えていた。それゆえ、占領地でムスリム同胞団の活動を黙認していた。このパレスチナのムスリム同胞団が、1987年の第一次インティファーダの発生とともにハマスとして活動を始めた。

アラファトが指導していたPLOとは違う路線を、ハマスは主張した。イスラエルを認めない。そして最終的には占領地ばかりでなく、国際的に認められたイスラエルをも解体し、全パレスチナにイスラム国家を打ち立てる。これがハマスの公式の立場である。イスラエルとの交渉の行き詰まりと比例して、パレスチナ人のハマスへの支持が増大した。

そして、2006年の**パレスチナ立法評議会(PLC)**での選挙で、ハマスが過半数を制した。しかしながら、アメリカを筆頭とする国際社会は、ハマスはテロ組織であるとして、勝利を認めなかった。選挙が公正に行われたにもかかわらずである。ヨルダン川西岸では、ファタハが権力を握ったままである。これによってハマスとファタハの対立が深まった。

ハマスの地盤はガザで強い。このガザでハマスとファタハの軍事部門が衝突し、ハマスが勝利を収めた。ハマスが名実ともに、ガザを支配するようになった。

ヨルダン川西岸では、ファタハが強い。これでパレスチナ側がハマスの支配するガザと、ファタハの支配するヨルダン川西岸に分裂した。

ハマスの勢力の拡大の背景には、いくつもの原因がある。まず第一は、前項で説明したように**和平の停滞**である。和平交渉は何の成果ももたらさなかった。そればかりか、イスラエルによるパレスチナ人の土地の強奪が続いている。これでは、和平路線を訴えてきたファタハの人気が下がるはずである。

第二に、2004年の**アラファトの死**がある。この人物に対する批判は多々あったが、パレスチナの抵抗運動を組織し、指導してきた実績をパレスチナ人は高く評価していた。この人物を失い、ファタハは人々の心も失った。

第三に、ハマスの社会活動が指摘できる。ハマスは、数多くの学校や病院を運営し、パレスチナの人々のために活動している。パレスチナにおける最大の**人道NGO（非政府機関）**とも言える。ファタハの指導するパレスチナ自治政府に、非能率や汚職の批判が付きまとっているのに対し、ハマスには、そうした噂はない。お金の面では、ハマスは清潔なイメージを維持している。住民のための活動が、ハマスの支持基盤の強さの一因である。

ガザ攻撃

国際社会は、ハマスのガザでの勝利を無視した。そしてイスラエルは、**ガザを封鎖**した。ガザは、イスラエルとエジプトと地中海に囲まれている。イスラエルの海軍が海域を封鎖し、ガザの出入り口を封鎖した。エジプトもこれに協力したので、ガザは孤立してしまった。

ガザの人々は、エジプト側の**境界線越しのトンネル**を掘って、物資を持ち込んでいるが、その量は限られている。ガザでの生活は困窮している。しかも、イスラエルは、ガザのハマスの指導者などを暗殺した。そこでガザの人々は、手製のロケット弾で反撃した。

このガザに対して、現地時間の2008年12月26日、各国のメディアや指導者たちが冬のクリスマス休暇に入るのとタイミングを合わせるかのように、イスラエルは全面的な攻撃を開始した。ガザ全域に対する激しい空爆の後に、イスラエルの陸上部隊が**ガザに侵攻**した。

イスラエルは、民間人を巻き添えにしないように細心の注意を払っているとしたが、人口密度の高いガザで戦争を始めれば、民間人の死傷者は避けられない。国際人道NGO「国境なき医師団」によれば、1300名近いガザの人々が死亡した。

イスラエルが12月にガザへの攻撃を始め、2009年1月に停戦したのには、理由がある。

第一に、2009年2月に**イスラエルの総選挙**が迫っていたからだ。イスラエル政府は、ガザでの戦争によって国民の支持を獲得しようと狙った。

第二に、アメリカの**ブッシュ大統領の任期切れ**が迫っていたからだ。アメリカの大統領の任期は、一期が4年である。そして二期8年までが認められており、三選は許されていない。つまり、一度大統領に就任すると、4年後にもう一度、大統領選挙に立候補できる。その選挙で勝てば、二期目の4年間も大統領を務められる。ブッシュは2000年の大統領選挙で当選し、2001年に就任した。そして2004年に二期目の選挙にも勝ったので、大統領としての最長期間である8年間を務めた。その8年目の任期切れが、2009年1月であった。

イスラエルは、ブッシュが大統領の間にガザを攻撃しハマスを倒しておきたかった。と言うのはブッシュ政権は、歴代のアメリカ大統領の中でも、一番イスラエル寄りと自称した**クリントン政権**よりも、さらにイスラエル寄りの政権だったからである。このイスラエルに甘い大統領の任期中に、という計算があった。

だが結局は、イスラエルは、ハマスを徹底的に痛めつけることはできなかった。ガザの人々は、ハマスの下に団結したからである。また攻撃の余りの残虐さに、内外の批判が高まったからである。そして、ブッシュの任期切れとなったからである。

新しいアメリカの大統領の就任式を、血で汚すわけにはいかない。オバマ新大統領のイスラエルへの対応は未知である。やむなく、２００９年１月17日、イスラエルは攻撃を止めた。そして、その72時間後の２００９年１月20日、アメリカで**オバマ新大統領**が就任した。オバマは、大統領選挙中は、イスラエルの安全は絶対に保障すると言明していた。しかし、同時にガザでの死傷者の数に懸念を表明していた。つまり間接的ながら、イスラエルのガザ攻撃を批判したのだ。

オバマとネタニヤフ

オバマ政権にとっての最大の課題は、アメリカ国内の経済問題である。ブッシュ政権の終わり頃の２００８年10月、ニューヨークの証券取引所で**株価の暴落**が起こった。

銀行などのギャンブル的とも言える、不健全な経営が明るみに出た。金融不安は、製造業に影響を与えた。自動車などの売り上げが落ち込み、アメリカ経済は、深刻な状況を迎えた。また、アメリカへの輸出に依存している、日本をはじめとする世界各国も深刻な不況に見舞われた。増大する失業が、世界的な問題となっている。

オバマ政権が外交問題に、特に中東情勢にどう対応するのかが注目された。中東に外交の力を注ぐ余裕があるのだろうか。アメリカで外交を担当する部門は、**国務省**と呼ばれる。日本の外務省に相当する役所である。オバマはその長官に、大統領選挙では民主党の予備選挙でのライバルだった、**ヒラリー・クリントン**を任命した。もちろんヒラリーは、1993年から2001年まで大統領であったビル・クリントンの妻である。

アメリカの政治は、民主党と共和党の二大政党によって動かされている。

大統領になりたい政治家は、まず、それぞれの政党の指名を受ける必要がある。それぞれの政党が大統領候補者を選ぶ過程は予備選挙として知られる。全米の各州で行われ、大統領になるためには、最初に予備選挙に勝たなければならない。

2008年の民主党の**予備選挙**では、イリノイ州選出のオバマ上院議員と、ニューヨーク州選出のヒラリー・クリントン上院議員が激しい争いを演じた。

オバマが勝てば、民主党の大統領候補としてははじめての黒人となる。ヒラリーが勝てば、最初の女性となる。

最初はヒラリーがリードしていたが、オバマが逆転で民主党の指名を獲得した。そして、オバマは本選挙で、**共和党のマケイン上院議員**を破って当選した。そうした過去のライバルのヒラリーを、国務長官に任命した。

オバマ就任の翌月の2月に、イスラエルで総選挙が行われた。その結果を受けて、首相に就任したのは、**ベンヤミン・ネタニヤフ**であった。ネタニヤフはラビン暗殺後の1996年の選挙に勝って首相となっているので、これが**第二次ネタニヤフ政権**となる。

ネタニヤフは、パレスチナ国家の建設に反対しているタカ派として知られていた。ところが、オバマ政権は、パレスチナ国家の建設による問題の解決という路線を支持している。やがて、この問題で、アメリカとイスラエルの意見の違いが問題となってくるだろう。オバマの対応が注目される。

イスラエルの選挙広告。中央がネタニヤフ　2008年10月、エルサレムで筆者撮影

核開発を進めているイランのアフマドネジャド大統領　写真提供：共同通信社

イランの動向がパレスチナに与える影響

パレスチナの情勢に影響を与える力を持っているのは、アメリカだけではない。もう一つの重要な国に**イラン**がある。

イランは、パレスチナのハマス、レバノンのヘズボッラー、そしてイスラエルの東北に位置するシリアを支援している。いずれも、イスラエルと対立している国や勢力である。イランはイスラムの国だが、アラブの国ではない。ペルシア人の国である。

かつてはイスラエルと友好関係にあったが、1979年に**革命政権**が成立して以来、イスラエルと外交関係を断絶している。しかも、イランのアフマドネジャド大統領は、イスラエルに関して挑発的な発言を繰り返している。

そのイランが、核開発を進めている。イランは平和利用のためと主張している。多くの国々は、イランの核開発を心配している。平和利用の名目で開発された技術が、軍事目的に転用されるのではないかと。特に注目されるのが、イランによる**ウランの濃縮の技術**である。

ウラン濃縮とは、自然に存在するウラン鉱石を精錬し、ウランの純度を高める作業である。これには高度の技術を必要とする。ウランの純度が高まると、これが**原子力発電**の燃料となる。さらに純度が高まると、**原子爆弾**を含む核兵器の材料となる。

イランはウラン濃縮を続けており、やがてウランの濃縮の技術を自分のものにするだろうと予測されている。さらには、核兵器を作るのに十分な純度と量の濃縮ウランを蓄積するだろう。その時期が遠くない将来にやってくると、多くの国々が懸念している。

イスラエル、アメリカ、日本、ヨーロッパ諸国などは、イランにウラン濃縮の停止を求めているが、イランは応じていない。オバマ政権は、イランとの交渉を開始したが、イランが、ウラン濃縮を停止する保証はない。もし、交渉が長引き、イランがウラン濃縮を続ければ、イランが**核兵器を保有**する、あるいは核兵器を作る能力を獲得することになるだろう。

イスラエルは、アメリカとイランとの交渉には反対していないが、交渉を長引かせるのには反対している。交渉がイランのウラン濃縮停止につながればよし、もしそうでなければ、交渉を早く打ち切り、イランに対して強い圧力を加えることを主張している。具体的には、イランに対する経済的な締め付けである。さらには軍事力の行使、つまり、先制攻撃をもイスラエルは準備しているようだ。

オバマ政権が、いつまでイランとの交渉を続けるのかが注目される。仮に交渉が、イランによるウラン濃縮の停止につながらない場合の対応は、一体どうなっているのだろうか。ウラン濃縮は認めつつも、イランが核兵器を作らないように、厳しく監視するという妥協案も考えられる。

たとえば、日本ではウラン濃縮が行われている。しかし、**国際原子力委員会の厳しい監視下**にある。イランも日本と同じように扱えないだろうか。これには、イスラエルが反対している。イランを信用していないからである。

仮にこうした案で、アメリカとイランが妥協すれば、イスラエルとアメリカの意見が分かれることになる。そうなったらイスラエルはどう動くのだろうか。万が一にもイスラエルが**イランの核施設を攻撃**するような事態になれば、中東全域が戦火に包まれる可能性がある。イランの動向やアメリカとイランの交渉の行方が、パレスチナに大きな影響を与えるだろう。

パレスチナ問題の解決案

これまで、パレスチナ問題のいきさつを語ってきた。それでは、この問題に解決案はあるのだろうか。解決案に入る前に、問題を復習しておこう。

まず第一に、シオニストとパレスチナ人が、パレスチナという一つの土地を争っている。両者の**土地の取り分**がどうあるべきかというのが、紛争の中心である。パレスチナの土地の総面積は、**2万7000平方キロメートル**で、岩手県と福島県を合わせたくらいの広さである。

第二に、特に問題となるのが、エルサレムという都市がどちらのものになるべきかという点である。この都市は、ユダヤ教、キリスト教、イスラム教という三つの宗教にとって大切な都市である。それゆえ、この都市の将来が、重要な問題となってくる。

第三に、イスラエル建国時に難民となったパレスチナ人と、その子孫の問題である。また、1967年、第三次中東戦争の際にイスラエルに占領された地域、つまり、ガザ地区とヨルダン川西岸地区から逃げ出したパレスチナ人とその子孫も、この難民という分類に加えられる。こうした**難民の総数は、390万人**を超えている。

69ページのパレスチナ難民登録者数の推移と、72ページのパレスチナ難民の分布と総数の図を参考にしていただきたい。ヨルダン川西岸地区では、難民キャンプ内17万人、キャンプ外46万人、ガザ地区では**キャンプ内47万人、キャンプ外41万人**になっている。

周辺諸国の難民に目を向けてみると、レバノンでキャンプ内22万人、キャンプ外17万人、シリアでキャンプ内12万人、キャンプ外29万人、ヨルダンでキャンプ内29万人、キャンプ外139万人もの難民がいる。

また、土地の問題と関連してくるのだが、パレスチナの水の問題も重要である。そもそも降水量の少ない地域なので、水はとても貴重である。

70ページの「パレスチナ・イスラエル地域と東京の降水量比較」を見ると**年間の降水量**が、エルサレムで約554ミリ、テルアビブで約533ミリ程度で、東京は約1466ミリになる。これを見ただけで、いかに降水量が少ないかがわかるだろう。人口が増え、しかも、生活水

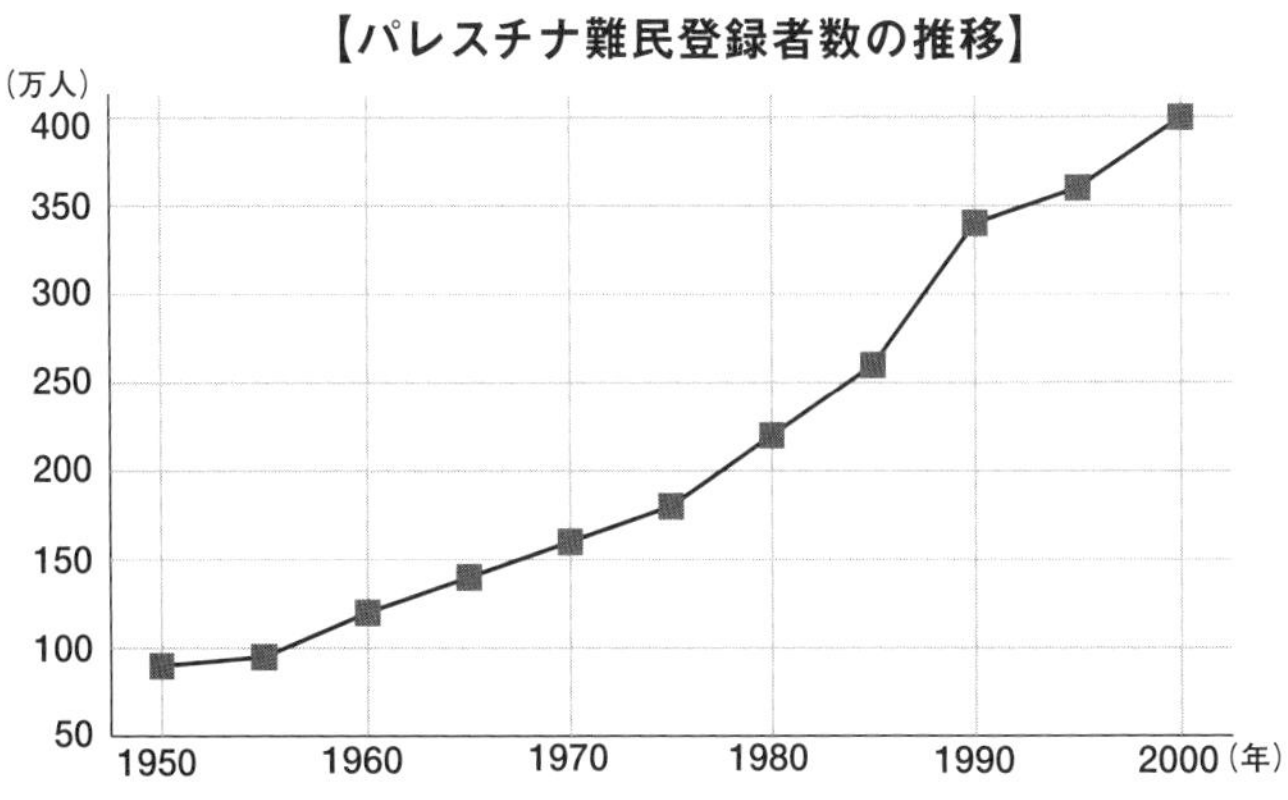

準が上がってくると、水の消費量は増える一方である。この地域の数少ない**川、湖そして地下水**をイスラエルとパレスチナが、いかに分配するのかが難しい問題である。

こうした困難な諸問題の解決への道筋として、いくつかの提案が論じられている。アメリカを含む国際社会が進めているのは、**二国家解決案**である。

二国家解決案とは、現存するイスラエルという国家の隣に、パレスチナ国家を作り、

【パレスチナ・イスラエル地域と東京の降水量比較(平均値：ミリ)】

都市＼月	1	2	3	4	5	6	7	8	9	10	11	12
エルサレム	133.2	118.3	92.7	24.5	3.2	0	0	0	0.3	15.4	60.8	105.7
テルアビブ	126.9	90.1	60.6	18	2.3	0	0	0	0.4	26.3	79.3	126.4
東京	48.6	60.2	114.5	130.3	128.0	164.9	161.5	155.1	208.5	163.1	92.5	39.6

出典：世界気象機関HP、国立天文台「理科年表」2009年版

【パレスチナ占領地及びイスラエルの年間水消費量】

用途別水総消費量(年間：100万m³)	ヨルダン川西岸地区		ガザ地区		イスラエル
	パレスチナ人	入植者	パレスチナ人	入植者	
灌漑	95	—	80	—	1320
家庭用	27	45	20	6	325
産業用	3	—	2	—	125
合計	125	45	102	6	1770

一人当たりの水消費量(年間：m³)	ヨルダン川西岸地区		ガザ地区		イスラエル
	パレスチナ人	入植者	パレスチナ人	入植者	
灌漑	106	—	133	—	307
家庭用	30	85	35	85	75
産業用	3	—	3	—	29
合計	139	2143	171	2326	411

Water Resources of the Occupied Palestinian Territory (http://www.un.org/Depts/dpa/qpal/dpr/DPR_water.htm) UNITED NATIONS, New York, 1992

その首都はエルサレムとする。パレスチナ難民に関しては、このパレスチナ国家への移住を認める。また、占領地に入植したイスラエル人は、すべてイスラエルに帰国する。これが二国家解決案の骨組みである。

詳しく見ると、領土については、国際的に認められたイスラエルのパレスチナ人の地域をパレスチナに与え、代わりに占領地に入植したイスラエル人の集中している地域を、イスラエルに併合するという土地の交換も一部では論議されている。

また、エルサレムをイスラエルとパレスチナの共同の首都とする案や、両者が分割する案、さらには**三宗教の聖地**となっているエルサレムの旧市街の**ユダヤ人地区**は、イスラエルの所有とし、その他の地区をパレスチナの所有とする案などもある。

パレスチナ難民の問題に関しては、現在、イスラエルとなっている地域へ戻るのをあきらめる難民に対して、国際社会が補償を支払う。あきらめない難民に関しては、一定数のみの帰還を認めるなどの妥協案も、専門家の間では論じられている。

パレスチナ難民の分布と総数

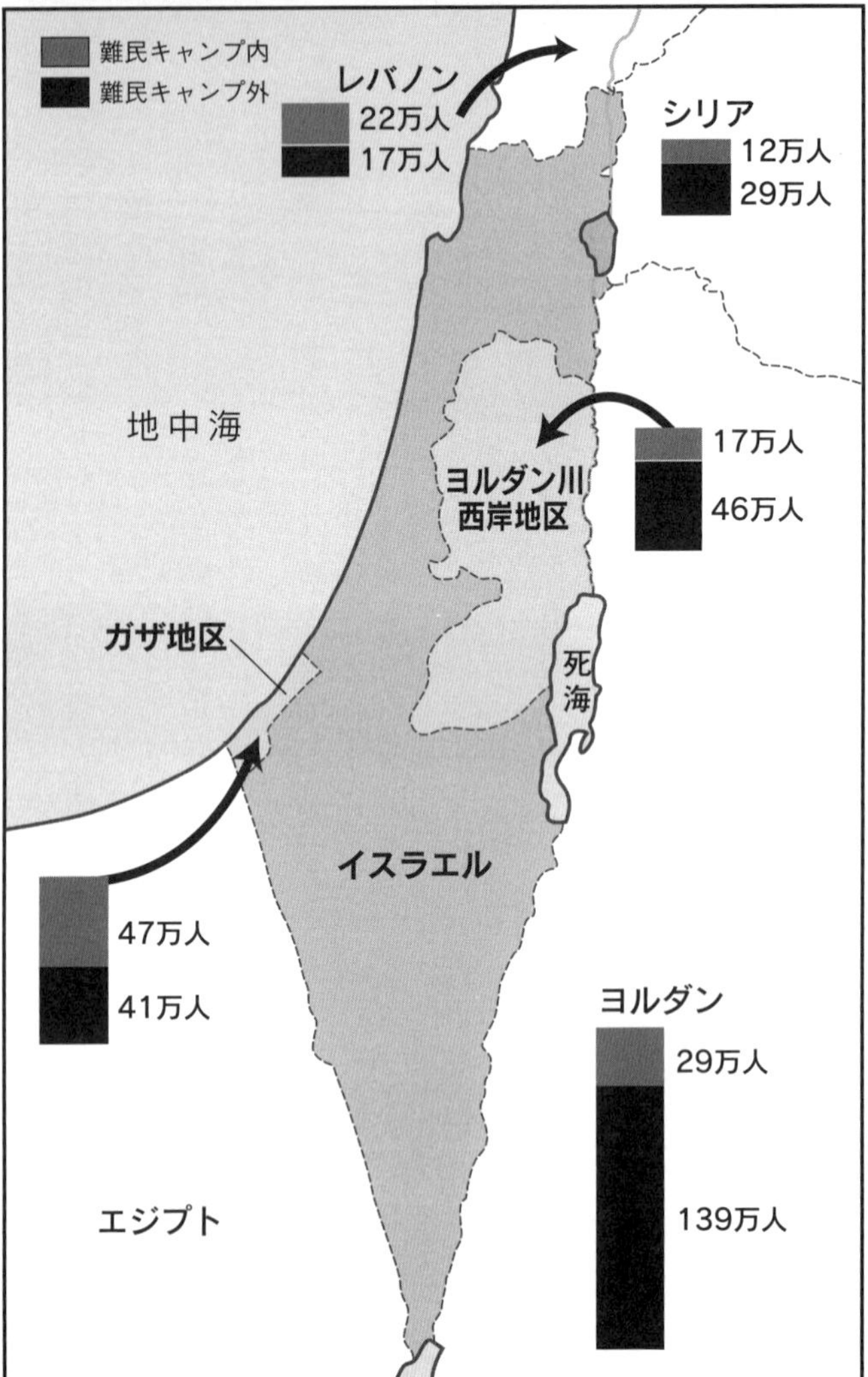

第二章

中東とイスラエル・パレスチナの関係

エジプトとイスラエル・パレスチナの関係

1948年、イスラエルが建国を宣言すると、エジプトは、他のアラブ諸国とともにパレスチナへ軍隊を派遣した。しかし、イスラエル軍は善戦し、1947年の国連決議で割り当てられた以上の地域を確保して、**アラブ諸国と停戦**した。

エジプトは、パレスチナの一部であるガザ地区をかろうじて支配下に収めた。この戦争に従軍した**エジプトの青年将校**の1人がナセルであった。後のエジプトの大統領である。

また、エジプトで生活していたアラファトは、エジプトのイスラム組織であるムスリム同胞団の義勇軍と共にイスラエル軍と戦った。アラファトは、後のPLO（パレスチナ解放機構）の議長である。後に中東の歴史に大きな足跡を残した2人が、同じ戦争に従軍していたわけだ。

後の役割ということになれば、この戦争で手柄を立てたイスラエル軍の将校のイツハーク・ラビンは、後にイスラエルの首相となり、暗殺に倒れる。後の中東の政治の主役の3人が、イスラエル成立時の戦争に従軍していたわけだ。

エジプトのナセルは、自国の敗北の原因を政治の腐敗に求めた。これが1952年のナセルのクーデターの伏線となった。このクーデターが**エジプト王制を終焉**させた。そのナセルのエジプトも、1967年、イスラエルとの第三次中東戦争に敗れ、ガザ地区と自らの領土であるシナイ半島を失った。

この戦争でイスラエル軍は、6日間でエジプト、ヨルダン、シリアなどの軍隊を敗走させて、歴史的な勝利を収めた。イスラエル軍を率いた国防大臣は、**ダヤン将軍**であった。そのダヤンを支えたのが、軍の制服組のトップの地位である参謀総長に上り詰めていたラビンであった。

ナセルが1970年に失意のうちに死亡すると、その後継者となったサダトは、シリアと共同で1973年10月にイスラエルを奇襲攻撃して、**第四次中東戦争**を開始した。緒戦においては、エジプトとシリアが勝利を収め優位に立った。緒戦の勝利によって、アラブ諸国は面目を回復した。しかし、戦争の終盤ではイスラエルが反撃に出て、やがて停戦が成立した。エジプトのサダトが、イスラエルとの和平を進めた。

アメリカのカーター大統領は、1979年、メリーランド州にある大統領避暑地のキャンプ・デービッドに、サダトとイスラエルのベギン首相を招き調停を行った。両者はここで合意に至った。これは**キャンプ・デービッドの合意**と呼ばれる。この合意は二つの部分からなっている。

一つは、エジプトとイスラエルの平和条約であった。これに従って、両国は外交関係を樹立し、大使を交換するようになった。またイスラエルは、1967年の戦争で占領した**シナイ半島**から撤退した。

合意のもう一つの柱は、イスラエルがパレスチナ問題の解決に向けての交渉を約束した点であった。しかし、イスラエルは交渉の努力を約束しただけで、交渉の結果を、つまりパレスチナ問題のアラブ側に納得のいく形での結着を約束したわけではなかった。ということは、イスラエルは交渉する振りをして、実際には譲歩はしないだろうというのが、大方の予測であった。それゆえ、エジプトはシナイ半島を取り返すために、パレスチナ人を裏切ったとの批判にさらされた。

その後の展開は、サダトを批判した人々の予想通りとなった。今日に至るまでイスラエルは、この問題でアラブ側が納得するような譲歩を行っていない。こうした批判を背景に、1981年、サダトは**イスラム急進派**によって暗殺されてしまう。

副大統領のムバラクが大統領に昇任し、その職に現在までとどまっている。エジプトはイスラエルとの平和条約を維持しているものの、エジプト国民の間では、**対イスラエル友好政策**は人気がない。両国間の観光や貿易も、低いレベルにとどまっている。こうした両国関係は**冷たい平和**と形容されている。

私はかつてカイロのイスラエル大使館を訪問した経験がある。まず大使館の入っているビルを見下ろす高速道路上に、治安当局の車両が配置されている。しかも、その車両には機関銃が装備されている。大使館のある通りは一方通行とされ、厳しい監視下に置かれている。大使館のビルの入り口では、エジプトの治安関係者が警備しており、さらにビルの中ではイスラエルの当局者が訪問客の検査をしている。これでもか！　と言わんばかりの警備の厳重さに、イスラエルとエジプト庶民の関係の冷たさを見る思いであった。

ムバラク大統領も、対イスラエル友好政策の不人気さは理解している。イスラエルをムバラクが訪問することはないし、イスラエル首相のエジプト訪問の際の首脳会談は、通常はカイロから遠く離れたシナイ半島で行われる。カイロとシナイ半島の距離が、両国間の心理的な隔《へだ》たりのバロメーターである。

だが冷たい間柄ながらも、両国の間には暗黙の協力関係も存在する。協力の対象は、パレスチナのガザ地区を支配するイスラム勢力ハマスである。

このガザから2005年、イスラエルのシャロン首相が**ユダヤ人の入植地を撤去**した。そして入植者も、入植者を守っていたイスラエル軍もガザ地区から完全に撤退した。ガザの歴史を振り返ると、イスラエル成立時の第一次中東戦争でエジプトの支配下に入り、1967年の第三次中東戦争でイスラエルの占領下に入った。そして1993年のオスロ合意により、1994年からパレスチナ人の自治が始まった。

しかし、ユダヤ人の入植地がガザには残っており、少数のユダヤ人が残った。そのユダヤ人を守るために、イスラエル軍も残っていた。しかし、シャロン首相は150万人の**パレスチナ人の海**とも言えるガザに少数のユダヤ人が残ることの無理と、またその保護のためにイスラエル兵が生命を危険にさらす愚を悟り、入植地を撤去し、イスラエル軍を撤兵させた。

イスラエル軍が撤退し、入植地が撤去されたガザを支配したのは、ハマスであった。ガザは、イスラエルとエジプトと地中海に囲まれている。イスラエルは国境を封鎖状態に置き、物資や人のガザからの出入りを厳しく制限している。ガザを支配するハマスに対する圧力である。

海上もイスラエル海軍が封鎖している。またエジプトもガザとの国境地帯を封鎖状態にして、**ガザとエジプトの交通を制限**している。ただガザとシナイ半島のエジプト領土との間に、「隠密裏」に建設されたトンネルを通じての人と物の流れには、ある程度まで目をつぶっている。

エジプトがガザ地区を封鎖状態に置き、イスラエルに協力している背景には何があるのか？　それは、ハマスとエジプトのムスリム同胞団との間の密接な関係がある。

ムスリムとはアラビア語でイスラム教徒を意味している。前にも言及したように、このムスリム同胞団は、エジプトに起こったイスラム運動で、まず個人のレベルや家庭のレベルでのイスラムの実践を通じて、底辺からの**社会の真のイスラム化**を目指している。

現在、ムスリム同胞団は、ムバラク政権に批判的な姿勢で知られている。また、ムスリム同胞団はエジプトの外にまで、その影響力を広げている。パレスチナのハマスは、ムスリム同胞団の影響下に起こった組織を母体としており、エジプトのムスリム同胞団とは密接な関係を維持している。ムバラク政権が、ガザ地区のハマスに敵対的な理由である。

ヨルダンとイスラエル・パレスチナの関係

ヨルダンという国は、第一次世界大戦に敗れたオスマン帝国の領土の一部にイギリスがでっち上げた国である。その国王に、イギリスはメッカの有力者である**シャリーフ・フセイン**の王子の一人を据えた。もう一人の王子を、やはり同様にイギリスが人工的に作り上げたイラクの王とした。

このシャリーフ・フセインは、**メッカの名家**の出自であり、イスラム教の預言者ムハンマド（マホメット）の血筋と考えられている人物である。このフセインが第一次世界大戦では、オスマン帝国に反乱を起こした。このフセインとイギリスの連絡係が、世に名高い**アラビアのロレンス**である。

ヨルダンは、1948年のイスラエル成立時の第一次中東戦争に介入して、パレスチナに軍隊を派遣した。イスラエルを打ち破るのには失敗したが、ヨルダン川の西岸地区を支配下に入れた。西岸には、歴史的な旧市街を含む東エルサレムも属している。しかし、この戦争の結果として多くのパレスチナ人が難民として、ヨルダンの支配下に流入した。流入によって、ヨルダンの人口の過半数がパレスチナ系となった。

そのヨルダンを、1967年の第三次中東戦争でイスラエルが打ち破り、東エルサレムを含むヨルダン川西岸地区を奪った。ヨルダンは、その後もヨルダン川西岸地区の領有権を主張した。預言者の血を引く一族の王朝の国家としては、イスラムの第三の聖地であるエルサレムの領有権の主張は引っ込めるのが特に難しかった。

イスラエルの一部では、もう一度ヨルダンにヨルダン川西岸地区を支配させて、パレスチナ問題をヨルダンに押し付けようという議論もあった。つまり、**ヨルダンとパレスチナの連**

邦国家を作り上げ、パレスチナがイスラエルに対する脅威となるのを、ヨルダンに阻止させようとの狙いであった。

もっと極端な議論も、イスラエルには存在する。それは、パレスチナ国家は既に存在するというものだ。なぜならば、ヨルダンの人口の過半数はパレスチナ人である。だからヨルダンという国名をパレスチナに変更すればよいという主張である。この議論をさらに推し進めて、ヨルダン川西岸地区などに生活するパレスチナ人をヨルダンに追いやって、**聖地パレスチナからパレスチナ人を除去**しようとの主張さえ存在する。

そのヨルダンには既に述べたように、多くのパレスチナ難民が1948年の第一次中東戦争で流入した。さらに1967年の第三次中東戦争でも、ヨルダン川西岸からパレスチナ人が難民として流入した。ヨルダンのパレスチナ人は、難民キャンプに生活している人々もいるし、難民キャンプを出てヨルダン社会に溶け込んでいる人々もいる。ヨルダンは、パレスチナ人に**市民権**を与える政策をとってきた。

1967年の第三次中東戦争以来、ヨルダンの難民キャンプを拠点に、アラファトの率いるパレスチナのゲリラがイスラエル占領地のヨルダン川西岸に攻撃をかけるようになった。イスラエル軍が報復として、ヨルダンの難民キャンプを攻撃した。ヨルダン政府にとっては、パレスチナ人のゲリラは厄介な存在となった。そのゲリラとヨルダン軍が、1970年9月に全面的に衝突した。**ヨルダン内戦**であった。

この内戦でヨルダン軍が勝利を収め、アラファト以下のパレスチナ・ゲリラは、ヨルダンからレバノンへと拠点を移動した。亡命先からの亡命であった。以降、ヨルダンのパレスチナ難民キャンプは、ヨルダン政府の厳しい監視下に置かれている。とは言え、ヨルダンがパレスチナ人の意向を全く無視しているわけではない。たとえば、1990年にイラクがクウェートを占領した湾岸危機では、ヨルダンはイラクを支持した。その理由の一端は、**イラクのフセイン大統領**が、パレスチナ人に人気があったからである。

しかし、1993年にオスロ合意が発表され、パレスチナ人とイスラエルが交渉していた事実が明らかになると、1994年にヨルダンはイスラエルと外交関係を樹立した。ヨルダンは、エジプトの次にイスラエルを承認した二番目のアラブ国家となった。

現在、イスラエルの観光客がヨルダンの世界遺産**ペトラ**（映画「インディ・ジョーンズ／最後の聖戦」の舞台になった**ナバティア人**の都市で、紀元前2～3世紀頃に繁栄した王墓などの墳墓群が残る）を訪問するなど、両国関係は形の上では正常である。だが、ヨルダン国民のイスラエルに対する反感は強く、イスラエル・エジプト関係と同様に冷たい平和状態である。

レバノンとイスラエル・パレスチナの関係

レバノンは、そもそもシリアと歴史的に一体感の強い地域であった。しかしながら両国は、第一次世界大戦後にフランスの支配下に入った。第二次世界大戦後に独立する際に、シリアとレバノンは、別個の二つの国として独立した。

地中海に面するレバノンは、陸地に入るとすぐに山岳地形となる。そこに多くの盆地が存在する。宗教的な多数派の弾圧を逃れた少数派が逃げ込むには、絶好の場所である。そのためレバノンは、**生きた宗教の博物館**と呼ばれるほど、イスラム教とキリスト教の多くの宗派が存在する。その宗派間の微妙なバランスの維持が、レバノンの政治の本質である。

このレバノンにも、1948年のイスラエルの成立時にパレスチナ難民が流入した。そして、1970年のヨルダン内戦で敗れたアラファトの率いるパレスチナ・ゲリラが加わった。

これが、大きな要因の一つとなって、微妙な宗派間のバランスが崩れ、1975年にレバノンは内戦に突入する。キリスト教各派、イスラム教各派にパレスチナ人が加わっての内戦であった。しかも、この内戦に地域諸国が介入した。

特に1982年の**イスラエルの介入**は、**レバノン戦争**と呼ばれる。イスラエルはレバノン南部を占領し、アラファト以下のパレスチナ・ゲリラたちを首都のベイルートに包囲した。この段階で、ベイルートを救うために合意が成立した。イスラエル軍はベイルートには突入しない。しかし、アラファト以下のゲリラはベイルートを退去するとの内容であった。

アラファトは、ベイルートからチュニジアに船出した。

その直後に、パレスチナ・ゲリラがいなくなり丸腰になったパレスチナ人の難民キャンプである**サブラ・シャティーラ**で、レバノンのキリスト教徒の部隊がパレスチナ人を虐殺するという事件が発生した。パレスチナ人の**悲劇の歴史**に血塗られた新たなページが加えられた。

このイスラエル軍のレバノンへの侵攻が、イランの介入を呼んだ。イスラエルの侵攻に抵抗するために、イランが革命防衛隊を送り込んだのである。前に触れたようにイランはイスラム教の国ではあるが、アラブ人の国ではない。民族的に異なるペルシア人などを主体とする国である。そのイスラム教も多数派であるスンニー派ではなく、シーア派を国教としている。

レバノンには、様々な宗派が存在する事実は指摘した。スンニー派もいれば、シーア派もいる。レバノンでは、シーア派が数ではスンニー派を上回っている。シーア派の主な生活空間は、レバノン南部である。つまり、1982年のレバノン戦争で、イスラエルが占領した地域である。シーア派が集中している地域をもうひとつ挙げれば、**ベカー高原**がある。これはレバノン中部で、シリア国境に近い地域である。シーア派は、レバノンでは一番貧しい層を形成してきた。

イスラエル軍が、レバノン戦争を引き起こす1982年の3年前の1979年に、イランでは革命で王制が倒れ、イスラム色の強い体制が成立していた。このイスラム国家イランが、**革命防衛隊**をレバノンに派遣した。選ばれたのは、イスラエル軍が占領していないシーア派地域のベカー高原であった。

革命防衛隊というのは、軍隊である。イランには二つの軍隊がある。王制の時代から存続する普通の軍隊と、革命防衛隊である。

1953年に王政時代の軍隊が、アメリカの諜報機関CIA（中央情報局）と共謀して、民主的に選ばれた政権をクーデターで転覆させた。その前例があったので、イランの革命政権は軍隊を信用しておらず、軍隊のクーデターから革命政権を守るための第二の軍隊を作った。これが革命防衛隊である。したがって、イランは二つの軍隊を持つこととなった。レバノンに派遣されたのは、革命防衛隊の方である。

革命防衛隊はベカー高原でシーア派を組織し、ヘズボッラー（神の党）という組織を作り上げた。ヘズボッラーには、いくつもの顔がある。

一つは**軍事組織**である。もう一つの顔は、神の「党」にふさわしく**政治組織**である。そして第三の顔が、貧しいシーア派住民の面倒を見る**社会福祉組織**である。いわば人道NGO的な顔である。このヘズボッラーが、やがてベカー高原からレバノン南部へ支持を拡大する。その経緯は次のようであった。

イスラエル軍のレバノン侵攻は、少なくともレバノン南部においてはシーア派住民に歓迎された。それは、この地域に勝手に入り込み、イスラエルを攻撃していたパレスチナ・ゲリラに対する反感が強かったからである。シーア派にとっては、パレスチナ・ゲリラは占領軍的な存在であった。そのパレスチナ・ゲリラを追い出したのであるから、イスラエル軍は歓迎された。

しかし、シーア派は、イスラエル軍にいつまでも居て欲しくはなかった。招かれざる客であるパレスチナ・ゲリラが退散したのであるから、イスラエル軍にも早期の撤退を望んだ。しかし、イスラエル軍は、レバノンに長期にとどまる姿勢を見せた。これに対して、シーア派が反発した。この反発が、ヘズボッラーのレバノン南部への侵攻の呼び水となった。ヘズボッラーのイスラエル軍に対する軍事闘争が始まった。

ヘズボッラーは、**トラックに爆薬を満載**して、イスラエル軍の宿舎に突入して自爆するなどの新たな戦術に訴えた。

イスラエル軍の苦戦が続き、犠牲に耐えられなくなったイスラエル軍が次第に撤退を始め、2000年には全面的に撤退した。ヘズボッラーが、中東では最強とされるイスラエル軍を撤退に追い込んだ。その勝利については既に触れた。

撤退したイスラエル軍とレバノン南部を掌握したヘズボッラーの間では、緊張状態が続いた。その緊張状態を背景として、2006年夏に、イスラエル軍がヘズボッラーに対する大規模な軍事行動を起こした。その理由は、おそらくイランとの戦争への準備であったろう。

イスラエルは、核開発を進めるイランとの対決を想定している。イランの核開発は、イランによれば平和利用であり、イスラエルによれば核兵器開発である。このイランの核開発を阻止するために、イスラエルがイランの核関連施設を攻撃するのではないかとの懸念が長らく抱かれてきた。

その場合には、イランからのイスラエルへの報復が予想される。もう一つ予想されるのは、親イランの組織へズボッラーからの攻撃である。そこで、イスラエルはイランと事を構える前に、このヘズボッラーに壊滅的な打撃を与えようと狙った。イスラエル空軍がレバノン各地を爆撃し、ヘズボッラー関連の施設を破壊した。イスラエルは、**空軍力**だけでヘズボッラーに勝てると計算していた。

しかし、ヘズボッラーも反撃に出た。ロケット弾が連日連夜、イスラエルに向けて発射された。イスラエル側は激しい空爆を続けたが、ヘズボッラーの**ロケット弾**は止められなかった。業を煮やしたイスラエルは、陸軍部隊をレバノン南部に送り込んだが、ヘズボッラーは巧みに構築された要塞地帯にイスラエル陸軍を誘いこみ反撃に出た。イスラエル陸軍は多数の死傷者を出して撤退した。ここで停戦が成立した。

ヘズボッラーが、イスラエル陸軍をもう一度撤退へ追い込んだ。その威信が中東全体で高まった。そのヘズボッラーは、政治面でもレバノン議会に議員を送り込んで、強い発言権を維持している。

ヘズボッラーの**後ろ盾は、イラン**である。しかし、イランからの支援は、シリア経由でレバノンに到着する。シリアの協力なしには、イランのヘズボッラー支援は難しい。つまり、シリアもヘズボッラーの支援者である。シリアはヘズボッラーばかりでなく、レバノンの各派に強い影響力を維持している。

シリアとイスラエルの関係が改善されない限り、ヘズボッラーと、そしてレバノンとイスラエルの関係の改善も困難である。

シリアとイスラエル・パレスチナの関係

シリアとイスラエルは、１９４８年のイスラエル成立時の第一次中東戦争、１９６７年の第三次中東戦争、そして１９７３年の第四次中東戦争と、３回も大規模な軍事衝突を経験している。特に１９６７年の第三次中東戦争では、イスラエルが、シリアからゴラン高原を奪った。１９７３年の第四次中東戦争以降、わずかな部分をイスラエルがシリアに返還したが、その大半は、現在もイスラエルの占領下にある。

シリアは、ゴラン高原の全面返還を求めている。そしてイスラエルは、シリアに対してゴラン高原の撤退後の非武装化、シリアとイスラエル間の平和条約、大使の交換、貿易や観光面での交流、また、レバノンのヘズボッラーに対する支援の停止、さらには、イランとの密接な関係の見直しなどを求めている。

現段階では、イスラエルは**ゴラン高原の返還**を拒否しており、シリアはイスラエルの要求を拒絶している。両国には国交がない。にもかかわらず、交渉は断続的に水面下で行われているようだ。

ゴラン高原は戦略的には重要であるが、歴史的にはパレスチナの一部ではない。したがって、返還に対するイスラエルの宗教勢力の反対は、比較的に弱いのではないかと考えられている。なお、ゴラン高原には、1996年より**日本の自衛隊**が、**国連の平和維持活動**の一環として派遣されている。現在までのところ、一名の死傷者も出していない。

イラクとイスラエル・パレスチナの関係

イラクは、この地域の多くの国々と同じように、第一次世界大戦後にイギリスが自らの都合で人工的に作り上げた国である。イギリスはイラクを作ると、その王にメッカのシャリーフ・フセインの王子、つまり**ヨルダン国王の兄弟**を据えた。親英王制は、第二次世界大戦後の1958年まで続いた。この年のクーデターで、軍が実権を握り王制は廃止された。今日まで続くヨルダン王制とは、対照的である。

しかし、その後もクーデターが続き、政局は安定することはなかった。イラクが安定するのは、1968年の**バース党**のクーデター以降である。バースとは、「使命」を意味している。その使命とは、アラブの栄光の復興である。

バース党は、アラブ諸国を統一し、かつてのアラブの栄光を復活させようとの目標を掲げている。そして、1968年の政権奪取以降は、徹底した反対派への弾圧と懐柔《かいじゅう》で2003年のイラク戦争までバース党は権力を維持した。弾圧の手段は秘密警察であり、軍であり、拷問《ごうもん》であり、大量殺戮《さつりく》であった。そして懐柔の手段は**豊富な石油収入**であった。

このバース党の中で独裁的な権力を握ったのが、**サダム・フセイン**であった。フセインは、パレスチナ人への支持を強く打ち出した。アラブ世界のリーダーを目指したフセインにとっては、当然の選択であった。

石油収入を投入しての強大な軍事力の育成を目指したフセインは、核開発をも推進した。1981年、イスラエル空軍がイラクの**首都バグダッド**の郊外にあった原子炉を爆撃し破壊した。イスラエルは、自国に敵対するイラクが核兵器開発能力を獲得するのを許さなかった。

1990年の湾岸危機、そして翌1991年の湾岸戦争が、このイラクとパレスチナ問題の関係に焦点を当てた。イラクが、1990年8月にクウェートを占領すると、パレスチナ人の指導者のアラファトは、軍事力ではなく交渉による問題の解決を支持した。

また、アメリカを中心とする国際社会がイラク軍のクウェートからの撤退を求めると、フセインは、**リンケージ論**で応じた。その内容は、イラクのクウェートからの撤退を求めるのならば、イスラエルのパレスチナ占領地からの撤退も求めるべきだ。もしイスラエルが撤退すれば、イラクも撤退するという議論であった。つまり、パレスチナ問題とクウェート問題は、リンク（強い結びつき）があるとの主張であった。

国際社会の大半は、この議論を相手にしなかったが、パレスチナ人の間では人気のある議論であった。そして１９９１年に湾岸戦争が始まると、イラクはイスラエルに向けてミサイルを発射した。これがまた、パレスチナ人の間でのフセイン人気を高めた。

しかし湾岸戦争で敗北すると、イラクにはパレスチナ人を大規模に支援する力はもはや残っていなかった。湾岸危機が始まって以来の**国連の経済制裁**も、イラクの経済に大きな打撃を与えていた。２００３年にイラク戦争でフセイン体制が崩壊すると、イラクは混乱に陥った。当分の間は、イラクはイスラエルに脅威を与えるような存在ではないだろう。

イランとイスラエル・パレスチナの関係

アラブ諸国のイスラエルに対する弱腰な態度に、一番批判的な国がイランである。

前にも触れたように、イランはペルシア人が主体の国で、アラブ人の国ではない。しかしイスラム国家として、イスラエルとの対決姿勢を鮮明に打ち出してきた。

しかし、歴史を振り返ればペルシア人とユダヤ人の関係は、良かった。キリスト教徒が旧約聖書と呼ぶユダヤ教の聖書によれば、紀元前6世紀の前半に**バビロニア**の王ネブカドネザル2世がエルサレムを攻撃し、エルサレムのユダヤ教の神殿を破壊した。この破壊された神殿は、第一神殿と呼ばれている。

また陥落したエルサレムから、多数のユダヤ人をバビロンに強制移動させた。バビロンはバグダッドのほぼ真南80キロメートルにあった都市で、現在でも遺跡を見ることができる。この事件は、ユダヤ人の**バビロン捕囚**として知られる。

このユダヤ人を解放したのが、古代ペルシアのアケメネス朝の**キュロス大王**であった。キュロスは、紀元前539年にバビロンを陥落させると、諸民族に宗教の自由を認めた。そして、ユダヤ人たちのエルサレムへの帰還を許した。

帰還したユダヤ人たちは、エルサレムにユダヤ教の神殿を再建した。これが第二神殿である。いずれもユダヤ教聖書(旧約聖書)に詳しく語られている。この第二神殿は、紀元70年にローマ軍によって破壊された。その遺跡の一部が、現在でも東エルサレムの旧市街に残っている。これが、**嘆《なげ》きの壁**である。

時代をキュロスの頃に戻り、付言すると、もちろん多くのユダヤ人たちがエルサレムへ帰った。だが、バビロンの魅力は捨て難く、バビロンに残ったユダヤ人たちも少なくなかった。なにせバビロンは、当時のオリエント世界で最大の都市であった。一番の都会であった。その結果、長らくイラクは、**ユダヤ教神学研究**の一大中心地であった。イラクのユダヤ人社会は、イスラエルの成立以降に、「母国」への「帰還」が起こるまでは、大いに繁栄した。

イラクのユダヤ人の話題となったが、ユダヤ人を解放したペルシア人とユダヤ人の間の関係は、もちろん悪くなかった。支配者であるペルシア人の宗教の**ゾロアスター教**の、ユダヤ教への影響も指摘されている。ペルシア、つまり後のイランにおいても多くのユダヤ人が生活した。

話を20世紀に戻そう。イスラエルが成立すると、イランはイスラム教徒の国ながらイスラエルに承認を与え、外交関係を樹立した。イスラエルとイランは、同じアメリカ製兵器を使っていたので、イランのパイロットがイスラエルで訓練を受けるなど、両国間には密接な関係があった。実質上の同盟関係であった。イスラエルは、イランの秘密警察を訓練するなど、イランの王制に深くかかわっていた。

しかし、それでもイラン国民のイスラム感情に配慮し、**テヘラン**のイスラエル大使館は、電話帳にも番号を載せないなど目立たぬように振舞った。

また、多くのイラン在住のユダヤ人が、イスラエルへと移住した。しかし、イスラエルでの生活を嫌い、イランに戻ったユダヤ人も少なくなかった。

イスラエルでの生活を選択した者のうちから、そしてその子孫の中から多くの成功者が出た。イスラエルの軍の参謀総長になったダン・ハルーツの親は、イラン出身である。また、**モシェ・カッツアーブ**のように大統領にまで上り詰めたイラン出身のユダヤ人もいる。

1997年、イランでは穏健派の大統領ハタミが生まれた。イラン中部の都市ヤズドの近郊にアルダカーンという小都市があるが、ここがハタミの出身地である。この**ハタミ大統領**の生家から遠くないアルダカーンの旧市街の中心部に、廃墟となったユダヤ人地区がある。かつて生活していた人々は、イスラエルなどに移住してしまっている。

ここを2001年に訪れた。現地の人々は、カッツアーブ大統領は、この地区の出身であると説明してくれた。もしそうならば、この小さな都市アルダカーンは、イランとイスラエルの大統領を同時に生んだ偉大な都市である。

もう一度、歴史を革命時に戻そう。1979年にイランで**革命政権**が成立すると、イランとイスラエルの関係が断絶された。イスラエル大使館はPLO（パレスチナ解放機構）に与えられ、パレスチナ大使館となった。イスラムを強調する体制を嫌い、多くのユダヤ人がイランを出国した。行き先は主としてイスラエルとアメリカであった。今度はイランに戻りはしなかった。それでも、現在でも数万人規模のユダヤ人社会がイランには存在している。その主体は、移住を好まない古い世代である。イランのユダヤ人社会は確実に高齢化している。

革命の翌年の1980年に**イラン・イラク戦争**が始まると、イスラエルとイランは、かつての秘密の同盟関係を実質的に再開した。イスラエルは、アメリカが表面上は供給を断った兵器の交換部品などをイランに供給した。ハイテク兵器は部品の消耗が激しい。一定時間の使用後は、部品の交換が必要になる。

たとえば、当時のイラン空軍の主力であった、アメリカ製のF4ファントム戦闘爆撃機である。離着陸時に使用するタイヤの磨耗が激しく、定期的な交換なしには、すぐに使えなくなってしまう。イスラエルからの供給なしには、イラン空軍は、たちまちF4ファントムを使えなくなっただろう。もちろん、この供給は直接ではなく、ヨーロッパの幽霊会社を通じての取引であった。

イスラエルが、表面上の敵国イランを支援したのはなぜだろう。それはイスラエルは、この戦争でイラクがイランに勝てば、イラクがあまりに強大化すると懸念していたからだ。敵の敵は味方という、中東のことわざ通りの外交であった。

イスラエルのイラクとイランに関するこのような考え方を変えたのが、湾岸戦争とイラク戦争であった。まず1991年の**湾岸戦争**でイラク軍は大きな打撃を受け、イスラエルを脅かす存在ではなくなった。そして**2003年のイラク戦争**でフセイン体制が倒れると、イラクは混乱した。ますます、イラクからの脅威を心配する必要がなくなった。

そうなると、イランに注目が集まるようになった。焦点は、前にも説明したようにイランの核開発である。また何度も言及するが、イランはパレスチナのイスラム組織ハマスや、レバノンのヘズボッラーを支援している。

イランが核開発を進めているのではないかとの疑惑が、長らく存在した。2002年に疑惑を証明するかのように、イランの核開発施設の存在が暴露された。それ以降、核開発は平和利用であるとするイランと、兵器開発の疑惑が濃いとする諸国の間で対立がある。

繰り返しになるが、焦点はウラン濃縮である。自然界に存在するウランは、そのままでは使えない。その濃縮によって、原子力発電などへの利用が可能になる。濃縮の程度が低ければ発電所の燃料となるが、濃縮の程度が高くなれば核爆弾の材料になる。ウラン濃縮技術は両刃の剣である。イランが平和利用であるとして進めているウラン濃縮が、やがては核兵器の製造につながるのではないかとの強い懸念をイスラエルは抱いている。

しかも、イスラエルの神経を逆なでするかのように、2005年に登場したイランの**アフマドネジャド大統領**が、イスラエルの生存権を否定したり、第二次世界大戦中のナチスによるユダヤ人の大量虐殺という事実に疑問を投げかけたりする発言を連発している。さらに、イスラエルがイランの核兵器製造能力の獲得を阻止するために、イランの核関連施設を攻撃するのではないかとのシナリオが、しばしば語られるようになった。

また、レバノンのヘズボッラーとガザのハマスに対するイランの支援も、イスラエルを苛立たせている。イランの影響力を、これらの地域から排除できれば、もはやイスラエルの覇権に対抗できる国家も勢力も存在しなくなる。イスラエルのイラン攻撃の動機の一つとなりかねない要因である。

アラビア半島産油国とイスラエル・パレスチナの関係

イスラエルの成立によりパレスチナ人が難民となった頃、アラビア半島の小国**クウェート**では、大規模な石油の開発が始まった。

クウェートは、豊かな**石油収入**を利用しての近代国家の建設を目指したが、そのための資材、専門家、労働力のすべてを輸入しなければならなかった。例外は、原油とセメントに混ぜる砂くらいなものであった。石油が出るまでは、泥の家に住み、飲み水まで周辺国から輸入していたような貧しいクウェート人は、教育水準も低かった。とても**近代国家建設**の担い手となる準備はできていなかった。

近隣諸国から多数の労働者が流入した。その結果、クウェートの人口の過半数は外国人となった。その中でもパレスチナ人は、最大のグループであった。最盛時には、40万人のパレスチナ人が生活していた。パレスチナ人は、教師であり官僚であり技術者だった。近代クウェートを建設したのは、パレスチナ人だった、というのが少なくともパレスチナ人側の認識であった。

クウェートにとっては、パレスチナ人は厄介な存在であった。というのは、他の国々からの労働者は何年かクウェートで働き、お金を貯めて帰国する。ところがパレスチナ人の場合には、帰る国がないのでクウェートに住み続けたからである。

しかし、いくら長く住んでいようとも、クウェートは、パレスチナ人にしろ何人にしろ、市民権を与える用意はなかった。なぜならば、そんなことをすれば、**外国出身の市民**たちが多数派となってしまい、悪くするとクウェートを乗っ取ってしまうだろうからだ。というのもクウェートでは、その頃すでに外国人の方がクウェート人より人口が多かったからだ。

しかもクウェート人の**教育水準**が上がってくると、ホワイト・カラーの職場にいるパレスチナ人が邪魔になってきた。クウェート人のための仕事が、ますます必要になってきていたからだ。クウェート人とパレスチナ人の間に、無言の心理的な葛藤《かっとう》があった。

そうした中で、1990年のイラクの**クウェート侵攻**が起こった。パレスチナ人がイラク寄りであったのに、クウェート人は激怒した。クウェートからイラク軍が追い出されると、クウェート政府はパレスチナ人を追放した。

40万人もいたパレスチナ人のコミュニティが消滅した。パレスチナ人は、主としてヨルダンなどに移動した。他のアラビア半島の産油国でも同じような状況であった。建前としてはパレスチナ人を支持しながらも、本音の部分ではパレスチナ人に嫌悪感を示す産油国の支配層は少なくない。

しかしながら、アラビア半島の産油国の富がパレスチナ人への追い風となっている例もある。それは、1996年に開局した、カタールに本拠地を置くアラビア語の衛星テレビ放送局、**アルジャジーラ**の存在である。

この放送局は、**カタールの首長**と呼ばれる支配者が、金は出すが口は出さないとの方針で設立した。カタールは秋田県ほどの広さのアラビア半島の国であるが、世界有数の**天然ガス資源**に恵まれている。ガスの輸出は、この国を途方もなく豊かにした。アルジャジーラは、その豊かさが生み出した放送局である。それまでアラブ世界には、自由に報道するテレビ局は皆無であったので、報道の面白さを武器に、アルジャジーラはアラブ世界全体の視聴者をひきつけた。

２０００年に始まったパレスチナの大衆蜂起である**第二次インティファーダ**の報道が、成功のきっかけとなった。この報道によって、アルジャジーラのイスラエルによるパレスチナ人抑圧の様子は克明に、また瞬時に、アラブ世界全体に放送されている。

アルジャジーラによって、パレスチナ人の苦しみは、アラブ世界全体の庶民に共有されるようになった。その後の２００１年のアフガン戦争と２００３年のイラク戦争は、アルジャジーラへのさらなる追い風となった。アラブ世界全体を代表する世論を、アルジャジーラが生み出した。

また、アルジャジーラを見た大衆は、もはや政府の広報番組のようなテレビ報道に我慢しなくなった。

続々とアルジャジーラに類似した放送局が開設された。また既存の放送局が、より大胆な報道へと舵《かじ》を切った。イギリスの**BBC放送**が、24時間放送のアラビア語の衛星テレビ放送を始めたことなどは、アルジャジーラの成功に触発されたからである。この放送は、ネット上で無料で視聴が可能である。

中国でさえ、21世紀に入ってから、**アラビア語の24時間放送**の衛星テレビ放送を開始した。こうしたテレビ報道の力が強くなったので、アラブ世界の指導層はパレスチナ問題を簡単には無視できなくなった。たとえば、ガザの封鎖でイスラエルに実質上は協力しているエジプトのムバラク政権は、中東全体で見れば人気のある政権ではない。おそらくエジプト国内でも批判的に思っている人々は多いだろう。

こうした実態がアラブ世界全体にくまなく伝わるようになったのは、**アルジャジーラ効果**とも呼べる現象のせいである。

第二章

ノルウェーとイスラエル・パレスチナの関係

「ノルウェーの森」の現実

ビートルズが1965年にリリースした『ラバー・ソウル』というアルバムの中に、**「ノーウェイジャン・ウッド」**という曲がある。これは、ジョン・レノンとポール・マッカートニーによる作品である。日本語では**「ノルウェーの森」**と訳されている。この曲をテーマに絡めた『ノルウェイの森』という小説を、村上春樹氏が発表している。

ビートルズの曲の歌詞の意味に関しては、議論があるようだが、表面的にはノルウェーの森で素敵な女性に会った男性が小屋の中で眠り込んでしまう。目が覚めると、女性は小鳥になって飛び去ってしまった。そんな内容だろうか。

夢を見たのだけれども、目が覚めてみると冷たい現実のみが残っていたという歌詞の内容は、1993年に締結されたイスラエルとPLO（パレスチナ解放機構）との間のオスロ合意にも当てはまる。ノルウェーの調停によって成立した合意は、当時パレスチナ問題の解決への道を開いたとして高い評価を受けた。

合意の内容は、イスラエルとPLOの相互承認、イスラエルの占領地のガザ地区とヨルダン川西岸の都市**エリコ**でのパレスチナ人による自治の開始であった。その他の問題は、将来の交渉に委ねられていた。さらに1995年に、ヨルダン川西岸地区のパレスチナ人の人口密集地域からのイスラエル軍の撤退が行われた。もっとも西岸の最大都市であるエルサレムは、例外であったのだが。

しかし、その後の**和平プロセスの停滞**は、この合意の評価を変えた。そもそも合意の内容は、公正かつ永続する和平を実現するには十分ではなかったとの認識も広がっている。

たとえば、やがて誕生するであろうと想定されていたパレスチナ国家と、イスラエルの間の最終的な国境線の画定などの困難な問題に関しては、すべてが将来の交渉に委ねられている。しかもイスラエル側は、交渉を約束しただけで、その結果に関しては何の保証も与えていない。これは、カーター大統領の努力で達成されたエジプトとイスラエルのキャンプ・デービッドの合意を想起させる。あのときもイスラエルは、パレスチナ問題解決のための交渉の努力を約束し、成果は約束しなかった。そして成果はなかった。

その上、合意はイスラエルの占領地への入植活動に関しては、何らの規制も行っていない。これでは、占領地の将来についてイスラエルとパレスチナ側が交渉をしようとしているのに、交渉の対象を一方的にイスラエルが侵食しているようなものである。

次のようなたとえが、状況をよく表している。ピザをどう分けるかを二人で話し合おうとしているのに、そのうちの一人がピザを食べ続けているような状況である。もちろん食べているのは、イスラエルである。このような状況の継続を許したオスロ合意は、本質的に和平達成のための交渉の枠組みとしては、不十分だったとの理解が広がっている。合意の署名当時に、パレスチナ側のアラファトに対する批判者たちが指摘していたようにである。

オスロ合意の構図

ここで問題にしたいのは、何ゆえこれほどまでに不利な合意をPLOは、実質的には指導者の**ヤセル・アラファト**は、受け入れたのであろうかということだ。ここで、この合意の成立過程を見直すとともに、アラファトという人物についても解説しておきたい。この人物こそが、**パレスチナ解放運動**の中心人物だったからである。また、この人物の権力を支えた構造を紹介しておきたい。

さらに、なぜ合意の成立過程においてノルウェーが、大きな役割を果たしたのだろうか。次に、ノルウェーの中東へのかかわりは、この合意の仲介に止まらない。オスロ合意以外のノルウェーの中東との関係にも言及したい。

まず、アラファトの決断である。その背景を理解するには、この人物の権力基盤の構造の理解が必要である。

エルサレム出身のパレスチナ人の家庭に生まれたアラファトは、エジプトで育った。そして1948年の第一次中東戦争に従軍している。その後カイロで学業を終えるとクウェートに移り、建設業で成功を収めた。アラファトは、クウェートで**ファタハ**と呼ばれる組織を立ち上げて、パレスチナの解放運動を始めた。そして、建設業を離れ、パレスチナの解放運動に専心する。

アラファトをパレスチナ解放運動の顔にしたのは、1968年の**カラメの戦い**であった。アラファトの率いる組織ファタハのゲリラは、ヨルダンの村カラメに拠点を置いて、ヨルダン川西岸地区に出撃していた。

同地区は、1967年の第三次中東戦争以来、イスラエルの占領下に置かれていた。イスラエル軍は、この拠点を叩くためにヨルダン川を渡り、東岸のカラメに侵攻したが、ゲリラ側は沈黙を守った。戦車を先頭にイスラエル軍の部隊が村に入った。村に入り動きの取れなくなった部隊に、パレスチナ・ゲリラが接近戦を挑んだ。不意を突かれたイスラエル軍は混乱し、撤退した。しかしこれは、パレスチナ・ゲリラの局地戦における小さな勝利にすぎなかった。

だが第三次中東戦争1967年の戦争では、6日間でエジプト、シリア、ヨルダンの3カ国の軍を一蹴《いっしゅう》したイスラエル軍に、パレスチナ・ゲリラが一矢を報いた政治的な意味は大きかった。パレスチナ人が、アラブの名誉（カラメ）をまさに回復したのだ。これでアラファトは、**パレスチナ解放運動**の星となった。

この勢いを背景に1969年にアラファトは、PLOの議長に就任した。どちらかと言えば、エジプトのナセル大統領がパレスチナ人を管理し、利用するための組織であったPLOは、これによってエジプトから独立した。

PLOでのアラファトの指導的な地位を保障したものは、ファタハという組織であった。イスラエル建国時にパレスチナ人は、難民としてレバノン、シリア、ヨルダンなどに散らばったため、各地で多くの組織が生まれた。

難民を受け入れた政府が、シリアのように自国のパレスチナ解放組織を作ったのも、この傾向に拍車をかけた。PLOというのは、こうした多様な**組織の連合体**である。PLOは、いくつもの派閥から構成されており、かつての日本の自民党（自由民主党）の与党時代を想起させる面がある。

アラファトは、1969年の議長就任から、2004年の死まで一貫してPLOの指導者として君臨した。なぜか？　それは、こうした諸組織の中でファタハが最大であったからだ。最大派閥が政権を握るという自民党と同じ論理が働いている。それでは、なぜファタハが最大派閥であり続けたのだろうか。それは、アラファトの**集金能力**であった。ここでも、自民党の派閥の力学と同じメカニズムが働いていた。

それでは集金能力の背景に入ろう。多くのパレスチナ解放組織の思想は、パレスチナ喪失の理由と、その回復への道を次のように説明していた。

アラブ諸国がイスラエルに敗れ、パレスチナを失った理由は、その分裂と政治的な後進性にある。パレスチナを解放する前に、アラブ世界を後進性から解放し、アラブの統一を成し遂げねばならない。そして、その統一されたアラブ世界の力を結集してシオニストを打ち破り、イスラエルを解体し、パレスチナを解放すべきである。

立派な議論ではある。こうした議論では、アラブ統一運動の主体はエジプトのナセル大統領であり、シリアやイラクのバース党である。

統一される対象は、サウジアラビアやクウェートのような後進的な君主制国家である。これでは、アラビア半島の豊かな国々は、こうした解放運動には付き合えないし、支援ができない。アラブの統一の実現は、自らの国家の喪失を、そして王族の失業を、さらには**産油国の富の共有**を意味するからである。ほとんどのクウェート人は、自らの石油収入を貧しいエジプト人にも平等に分け与えることを望まない。ましてや、エジプト人に石油収入を支配されたいなどとは、夢想だにしない。

ところがアラファトのファタハは、イスラエルの解体とパレスチナの解放は主張するものの、アラブ世界の統一には言及しなかった。したがってアラビア半島の豊かな産油諸国は、パレスチナ人の他の組織ではなく、アラファトのみに支援を与えた。

具体的には、アラファトへ直接に資金援助を行った。そして間接的には、アラビア半島の産油国で働くパレスチナ人に対する、アラファトのファタハによる徴税を認めた。既に触れたように、パレスチナの喪失とほぼ時期を同じくして、クウェートで石油ブームが始まった。そしてサウジアラビアも石油収入の激増を経験する。これには1951年のイランでの**石油産業の国有化**が影響していた。

イランのモサデク政権は、イギリス資本であるアングロ・イラニアン石油会社(現在のBP社)の在イラン資産を国有化した。これに対して、当時の世界の石油産業を牛耳っていた**セブン・シスターズ**と呼ばれていた**7つの国際石油資本**は、イラン石油のボイコットで応じた。これは、イランを経済的に窒息《ちっそく》させ、国有化の動きが他の諸国に広がらないようにするためであった。イラン石油のボイコットは、1953年にCIAなどによるクーデターで、モサデク政権が転覆されるまで続いた。

市場から締め出されたイランの石油を、埋め合わせるための原油が必要であった。国際石油資本は、クウェートとサウジアラビアでの石油生産を急増させた。これがアラブ諸国での石油ブームの背景である。石油ブームは、労働力の需要を急増させた。石油生産においても、あるいは急増した石油収入による**インフラの建設**においても労働力が必要であった。この時期、故郷を追われたパレスチナ人が存在した。しかもアラブ人の中では、パレスチナ人は比較的に高い教育を受けていた。

クウェートは、石油と砂以外はすべてを輸入した。近代国家を建設する際にパレスチナ人が、決定的とも言えるほど大きな役割を果たした。パレスチナ人は、教師であり、エンジニアであり、官僚であり、ジャーナリストであった。そして肉体労働者でもあった。あらゆる分野でパレスチナ人が、クウェートを動かした。世界各地でクウェートを代表した外交官さえ、その多くがパレスチナ人であった。こうしたクウェートの特異とも言える社会構造については、既に解説した通りである。

クウェートで働き、生活するパレスチナ人の数は、1990年代までには40万人に達していた。クウェートでは税金が存在しない。ところがパレスチナ人だけは、**解放税**と呼ばれる5パーセントの所得税を支払っていた。集めていたのはクウェート政府ではなく、アラファトであった。クウェートのPLO事務所が集金をしていた。

同じようにサウジアラビアなどの他のアラビア半島の産油国でも、40万人のパレスチナ人が生活していた。合計で80万人のパレスチナ人から、アラファトは税金を集めていた。アラファトの金脈は太く豊かであり、ファタハは、他の組織を資金力で圧倒していた。これがアラファトの長期指導体制を支えていた。

ところが、1990年から1991年にかけて、この金脈が突然に枯渇した。理由は**湾岸危機**と湾岸戦争であった。1990年8月にイラク軍がクウェートに侵攻して、湾岸危機が始まった。そして1991年に入ると、これが湾岸戦争に転化した。

この過程で世界各国は、軍事力を行使してでもイラク軍をクウェートから排除しようとするアメリカに主導されたグループと、アラブ内部で問題の解決を図ろうとするグループとに分かれて対立した。アラファトは、後者に属していた。

イラクのクウェート侵攻の直後、アラファトはバグダッドを訪問した。その**アラファトと**

フセインが抱擁しあう映像が世界に流れた。クウェート人は激怒した。また、クウェートの亡命政府を支持するアラビア半島諸国の反応も、同様であった。

アラファトの判断の背景は、想像するしかない。それまでにフセインがパレスチナ解放運動を抱き込もうと、多額の援助を与えていたという事実が重かったのであろう。一時期、アラファトは、イラク政府提供の専用機を利用していた。また、パレスチナ人の間でフセインの人気が高かった。しかし、一番重要な点は、アラファトの読み違いであろう。湾岸戦争があのような形で始まり、フセインがあのような形で敗れるとは、おそらくアラファトは、予想していなかったであろう。

いずれにしろアラファトは、フセインという負け馬に賭けてしまった。国連の経済制裁を受けて疲弊したイラクには、アラファトへの多額の援助を行う財政力はなかった。しかも、怒ったアラビア半島の君主たちは、アラファトへの援助を打ち切った。その上、クウェートに生活していたパレスチナ人たちが追放された。

これによって、解放税の払い手をアラファトは失った。アラファトは、鵜の群れが全滅した鵜飼であった。その権力基盤を支えた豊かな金脈から切断された。アラファトは、資金面から追い詰められてしまった。PLOの関連組織の職員への給与の支払などが滞った。さらに重大なことにイスラエルとの戦闘で死亡したゲリラの家族への遺族年金を、アラファトは支払えなくなってしまった。

資金不足が表面化した例をあげると、東京に置かれていたＰＬＯ事務所の閉鎖がある。将来のパレスチナ国家の大使館となる、と期待されていた事務所であったのにである。当時、在京のイスラエル大使館員が「イスラエル大使館に下宿すれば」との冗談を筆者に語ったのを思い出す。

アラファトは、新たな資金源を必要とした。アラファトが求めたのは、国際社会からの大規模な援助であった。

湾岸戦争の圧勝の余勢を駆ってアメリカのブッシュ（父親）政権は、１９９１年秋にスペインのマドリードで**中東和平国際会議**を招集した。しかし、これには問題が残った。ＰＬＯが招待されなかったからである。だが、ＰＬＯに近いパレスチナ人が、アラファトの意向を受けて出席した。

もっと重大な問題は、イスラエルのシャミール政権には、和平を進める気持ちがなかった点である。シャミール首相がイスラエル代表団に与えた指示は、なるべく時間をかけて交渉し、しかも交渉を失敗させろであった。代表団の一員にネタニヤフがいた。後のイスラエル首相である。

状況に希望が見えてきたのは、1992年6月のイスラエルの総選挙で、ラビン将軍の率いる労働党が勝利を収めてからである。ラビンについては既に触れた。1967年の第三次中東戦争の際、イスラエル軍の参謀総長として歴史的な勝利を演出した**国民的な英雄**である。その後に駐米大使、そして1974年に首相となった。

大使時代に**アメリカで開いた銀行口座**を閉じておらず、これが違法行為であると批判されると、1977年に首相の座を潔《いさぎよ》く辞任した。当時は、イスラエルの公務員が外国に銀行口座を持つことは違法であった。わずかの額の不注意からの違法行為であった。しかし、首相たれども法の下では平等であるべきとの信念からの辞任であった。その潔さが強い印象を国民に与えた辞任であった。

その後、国防大臣を務めて政界に復帰したラビンは、和平に前向きであった。1992年秋にはノルウェー経由でのPLOとの接触の案が浮上し、1993年には同国での研究会という形で、PLOとイスラエルの接触が開始された。ラビンは、この接触に関して事後報告を受けた。

ノルウェー側で、この回路の開設と維持に尽力したのは、**テリエ・ラーセン**であった。ラーセンはノルウェーの応用社会科学研究所の所長であり、妻はノルウェー外務省で中東を専門とするモナ・ユールであった。

妻を通して中東に興味を深めたラーセンは、パレスチナ占領地の実情の調査を行い、その惨状を目にし、状況の打開策を求めるようになった。ノルウェーが、パレスチナ人とイスラエル人の「学問的」な接触の場を設定するというアリバイ作りには、ラーセンはうってつけの人物であった。

ノルウェーを舞台に始まったPLOとイスラエルの非公式な接触が交渉に、そして交渉が合意へと転化した。当初ラビンの提示した案は、**ガザ地区の返還**のみであった。しかし、アラファトは、ヨルダン川西岸地区に固執した。ラビンは、エリコでの自治の開始まで譲歩した。これによって、既に触れたオスロ合意が成立し、アメリカのホワイト・ハウスで調印式が執り行われ、アラファトとラビンが歴史的な握手を行った。

ちなみに、この調印式や握手の演出を取り仕切ったのは、クリントン大統領の有力な顧問の一人である**ラーム・エマニュエル**というユダヤ系の若者だった。この歴史的な合意から15年後の2008年、大統領選挙で当選したバラク・オバマが、主席補佐官に抜擢《ばってき》する人物である。

この和平を資金面から支えるために、日米欧を中心とする国際社会がPLO、すなわちアラファトへの大規模な経済援助を開始した。こうしてアラファトは、パレスチナのほんの一部の自治の解放に成功した。そして自らを資金難から全面的に解放した。強者イスラエルと、資金面で追い詰められていた弱者PLOの合意であった。ある意味で、ラビンは、アラファトの足元を見て強硬な交渉姿勢を貫き、アラファトは譲歩に譲歩を重ねた。

実はラビンは、アラファトの足元を見ていたばかりでなく、その手の内も見ていた。あるいは聞いていたと表現すべきだろうか。PLOの治安担当の幹部の関係者が、イスラエルの諜報機関によって買収されており、**チュニスのPLO本部**には、盗聴装置が仕掛けられていた。ラビンは、アラファトの日常の会話の内容を知っていたようだ。

このスパイ事件が発覚したのは、1993年11月、つまり、ホワイト・ハウスでのオスロ合意の調印式の2カ月後であった。近代国家イスラエルと、ゲリラ組織PLOの交渉力の違いの見えた場面であった。

かくしてオスロ合意は、成立した。しかし、やはり既に冒頭で言及したように、その合意に基づく和平プロセスは、やがて挫折する。

親イスラエル国家ノルウェー

ここで問題にしたいのは、**仲介の労**を取ったのが、なぜノルウェーなのかである。なぜ人口500万にも満たない小国が、各国の利害の錯綜《さくそう》する中東情勢において、これほど大きな役割を果たしたのだろうか。繰り返そう、もう一度。なぜノルウェーなのだろうか。ノルウェーとは、いかなる国なのだろうか。

1905年にスウェーデンから分離独立した**ノルウェー王国**は、イギリスとの友好を国是《こくぜ》としてきた。第二次世界大戦中のノルウェーは、**ドイツの占領下**に置かれた。そして第二次世界大戦後は、アメリカとの友好を外交の柱とし、**NATO**にも加盟した。

また、ノルウェーは伝統的に国際舞台に人材を提供してきた。第一次世界大戦後は、ノルウェーの探検家のフリチョフ・ナンセンが、国際連盟の**難民高等弁務官**を務めた。ずっと後に、日本の緒方貞子が引き継いだポストである。第二次世界大戦後は、国際連合の初代の事務総長を、やはりノルウェーのトリグヴェ・リーが務めている。

ノルウェーの面積は、38・6万平方キロメートルである。これは日本の37・8万平方キロメートルをやや上回る。その国土にわずか485万の人々が生活している。これは神奈川県の横浜市と川崎市の人口の合計510万より、やや少ない程度である。横浜と川崎の人たちだけが日本列島に散らばって生活していると想像すると、ノルウェーという国の雰囲気がわかるだろうか。

さて、本論に戻ろう。なぜノルウェーなのだろうか。それは、ノルウェーが親イスラエル的であったからだ。それゆえにアラファト自身が、ノルウェーに注目していた。その背景は、いかなるものだったのだろうか?

1948年のイスラエルの成立をノルウェーは、賞賛の念を持って迎えた。これを、キリスト教会は**聖書による預言**の実現と解釈したし、労働党は左翼思想の成功した実践例と見た。こうした左右を問わないイスラエル支持の背景にあったのが、ホロコーストに対する罪悪感であった。

第二次世界大戦中には、ナチス・ドイツ占領下のノルウェーでも、2000人のユダヤ人口のうちの700人のユダヤ人が拘束され、強制収容所に送られた。そのうちで生き延びた者は25人にすぎなかった。

また、ノルウェーではキリスト教会の影響力が比較的に強いという事実も、国民に聖書に対する親しみ、そして聖地に対する関心を強めていた。そしてエリート層に関して言えば、第二次世界大戦後にノルウェーで指導的な立場に就いた人々の中には、同大戦中にナチスの**強制収容所での生活**を経験した者も少なくなかった。首相も外相もそうであった。

ナチスに対する**被害者意識の共有**が、ノルウェーのイスラエルに対する親近感の背景であった。事実、ある時期には、ノルウェーの国会議員の3分の2が親イスラエルのロビー・グループに参加していた。それほどエリート層の間では、イスラエル支持の感情が強かった。

この親密感を裏書するのが、1950年代にイギリス経由で行われたイスラエルへのノルウェーによる**重水（質量数の大きい水分子が多く、通常の水より比重の大きい水）の輸出**である。重水は核開発において重要な物質である。1967年の第三次中東戦争の際には、既にイスラエルは核兵器を実戦配備していたと見られているが、イスラエルの核兵器開発に、このようにノルウェーは間接的な形で関与していた。

ノルウェーの左右に共通した親イスラエル感情が、PLOと距離を置くノルウェーの政策の遠景を成していた。ノルウェーは他のヨーロッパ諸国から遅れて1980年代になって、やっとPLOとの接触を開始した。これが、イスラエルがノルウェーを信頼した理由であり、アラファトがノルウェーに注目した要因である。これがオスロ合意への伏線であった。

イランの項で既に述べたように、1979年にイランで王制が倒れた。イランのシャー（国王）は、イスラエルの実質上の同盟者であった。イスラエルは、軍事・治安面で様々な形でイラン王制に協力していたし、イランは、イスラエルに石油を輸出していた。敵対するアラブ諸国からの石油の輸入ができなかったイスラエルには、これは貴重であった。だがイランの革命政府は、イスラエルと断交し、テヘランのイスラエル大使館をＰＬＯに与えた。イランの「喪失」は、イスラエルにとっては**石油供給源の喪失**を意味した。

アメリカは、ノルウェーにイスラエルへの石油輸出を要請した。この際にノルウェー外務省は、ＰＬＯの反応を探った。アラファトは、案に反対はしなかったが、代わりに将来ＰＬＯとイスラエルの秘密の交渉の回路が必要な場合には、その役割をノルウェーに期待すると伝えた。アラファトは、ノルウェーの労働党のイスラエルの労働党への働きかけにも期待していた。ノルウェーは同意を表明した。しかし、当時のイスラエルのリクード政権の強硬な姿勢があったので、接触も交渉も始まらなかった。

ノルウェーの労働党を通じて、イスラエルの労働党との接触をアラファトは求め続けた。1983年には、アラファトの腹心の**イサム・サトラウイ**が社会主義インターナショナルの大会に出席のため、ポルトガルを訪問した。この大会には、イスラエルの労働党を含む世界各国の社会主義政党が代表者を送る。したがってＰＬＯがイスラエルと接触を試みる機会となりうる。しかしながら、パレスチナ人のテロリストである**アブ・ニダル**によって、サトラウィが暗殺されてしまう。

これは、パレスチナ人の間の路線を巡る対立を反映した事件だったのだろうか。それとも、イギリス人ジャーナリストのパトリック・シールが主張するように、アブ・ニダルは、イスラエルの諜報機関に雇われており、この暗殺の背景には、イスラエルの動きがあったのだろうか。シールによれば、ＰＬＯとの交渉を望まなかった当時のイスラエルにとっては、穏健なパレスチナ人は邪魔な存在であった。

アブ・ニダルがサトラウィを暗殺したにもかかわらず、イスラエルによる報復テロの対象になっていなかった。これがアブ・ニダルが、イスラエルの手先であったとの間接的な証拠として指摘される事実である。いずれにしろ、サトラウィの暗殺がＰＬＯとイスラエルの接触の糸を切った。なおシールは、シリアのハーフェズ・アサド大統領の伝記作者として知られ、中東専門家の間では評価の高い人物である。

しかし、ノルウェーの努力は続いた。１９８９年には、外相がチュニスに亡命中のアラファトを訪れた。アラファトはイスラエルとの交渉の用意があるとのメッセージを託し、ノルウェーの仲介を要請した。親イスラエルで、**親米で親ＥＵ**のノルウェーに期待していた。

ちなみにEUと言えば、ノルウェーは、1972年と1994年の2回にわたりEU加盟に関する国民投票を行った。しかしながら、いずれの場合も国民は加盟を拒絶した。ノルウェーの農業や漁業に、EU加盟が悪影響を与えるとの判断があったのだろう。

また、EUの平均所得を上回るノルウェーの生活水準を考慮すると、国民には加盟のメリットは感じられなかったのだろう。豊かさで知られるEUではあるが、ノルウェー人の目には**貧乏人クラブ**にしか見えないのだろう。

後にも述べるが、ノルウェーの**一人当たりのエネルギー生産量**、つまり、石油と天然ガスの生産量は、アラビア半島の諸国にも比べられるほど高い。それゆえノルウェーには貧困は見当たらない。だが同時に首都オスロなどを歩いてみても、華美な服装や凝ったレストランなどにも出会わない。富を誇ることなく、人々は質実剛健な雰囲気を漂わせている。不思議な国である。もちろん、ノルウェーの壮大な風景以上に贅沢《ぜいたく》なものなど想像できないのも事実ではあるが。

イスラエルとPLOの交渉に話題を戻すと、接触を始める方法として、ノルウェーの研究機関が国際セミナーを主催して隠れ蓑《みの》を提供するなどの工夫をアラファト自身が提案した。ノルウェーの外相はイスラエルに、このメッセージを伝達した。

しかし、当時のイスラエルの**シャミール政権**は冷淡であった。試みは失敗に終わった。だがこのときの、ノルウェーが研究会などの形で非公式なレベルでの接触のアリバイを用意するという案に、つまりアラファトの提案に、実は1993年のオスロでの秘密交渉の原形があった。

1992年6月にラビンの労働党が総選挙で勝利を収めてから3カ月後、9月にノルウェーの外務副大臣のヤン・イーグランドがイスラエルを訪問し、イスラエルの外務副大臣ヨシ・ベイリンと会談した。ノルウェーがPLOとイスラエルの交渉を秘密裏に仲介する案について、打診するためであった。しかし、この案も、やはり実現しなかった。このときは、ラビン首相の賛成が得られなかったからである。

このノルウェーによる回路が開通するのは、1993年1月である。パレスチナとイスラエルの双方が、ノルウェーでの研究会に参加者を派遣するという形式で始められた。これにはイスラエルの外務副大臣のヨシ・ベイリンが関与していたが、この接触が暴露された場合には、関与を否定するという前提で始められた。もちろんベイリンの背後には、イスラエル外相の**シモン・ペレス**がいた。

ペレスは、この回路に期待していた。前年の9月、つまり、4カ月前には承認を与えなかった首相のラビンには、PLOとの最初の接触の後に報告が行われた。この時点でラビンは、依然として懐疑的であった。しかし、接触に反対はしなかった。期待と懐疑がイスラエルの指導層の間で錯綜する中、オスロ合意への歩みが始まった。

この歩みを可能にしたのは、イスラエルのノルウェーに対する信頼感であった。これは既に述べてきたように、1948年以来のノルウェーのイスラエルに対する親近感の反映である。さらには、ノルウェーが**EU加盟国でない**点もイスラエルにノルウェーを好ましく見せた。なぜならばEUは、イスラエルに批判的な姿勢を示してきたからだ。

また、ノルウェーとアメリカとの間には強い関係も存在する。いずれは和平の過程で超大国アメリカが大きな役割を果たす以上、この関係も意味を持つ。オスロ合意の調印式が、ホワイト・ハウスで行われたのは、そうした意味で象徴的であった。

この合意の調停者となったことで、ノルウェーの国際的な評価が高まった。以降ノルウェーは、スーダン、グアテマラ、コロンビア、スリランカ、キプロス、旧ユーゴスラビアなどでの紛争の調停に関与した。これほどの**国際的な評価と期待**を受けた小国は例がない。

さて1993年のオスロ合意から、17年の時が流れた。そしてオスロ合意に始まった和平プロセスは挫折《ざせつ》してしまった。合意を推進したラビンは凶弾《きょうだん》に倒れ、アラファトも世を去った。残されたのは、占領地の厳しい現実と**停滞した交渉プロセス**のみである。

振り返った際にオスロ合意とは一体何だったのだろうか。ノルウェーの仲介外交とは何だったのだろうか。イスラエルという強者がパレスチナという弱者に、不当な収拾案を押し付ける道具だったのだろうか。

アメリカが直接仲介したのでは、あるいはイスラエルとの直接交渉では、とてもアラファトが受け入れることのできない枠組みを、ノルウェーという小国が表に出て、心理的にパレスチナ側に受け入れやすくするオブラートのような役割を果たしただけなのではないか。つまりノルウェーが、超大国と強国が弱者に不当な和平を押し付ける道具となった、との批判である。オスロ合意とノルウェーの仲介努力に歴史の評価が定まる前に、まだまだ多くの時間が流れる必要があるだろう。

ノルウェーと中東の関係

ノルウェーの中東へのかかわりは、オスロ合意の仲介に止まらない。ノルウェーが中東において戦争の予防に寄与しようとした例として、レバノンの**UNIFIL**(a United Nations

Interim Force in Lebanon：国連レバノン暫定駐留軍）へのノルウェー軍の派遣がある。また、そのNGO（非政府機関）の中東での活発な活動がある。

ＵＮＩＦＩＬは、1978年3月19日に採択された、国連安保理決議第425号に基づいて組織された。この決議は、レバノン南部に侵入したイスラエル軍の撤退と、その後の国境地帯の安全を保障するための国連軍の派遣を求めている。ＵＮＩＦＩＬは現在も存続している。

1982年のイスラエル軍のレバノン侵攻、つまりレバノン戦争については、既に紹介した。実はイスラエルは、それ以前にもレバノンに侵攻し爆撃した。ＵＮＩＦＩＬの存在自体は、戦争の阻止に明らかに失敗した。しかし、その存在は、イスラエルとパレスチナ・ゲリラやヘズボッラーとの衝突を管理する一定の役割を果たしてきた。当事者間に紛争を一定レベル以下に抑えようとの意志が共有された場合には、ＵＮＩＦＩＬの存在が意味を持った。

このＵＮＩＦＩＬでのレバノン駐留を経験したノルウェーの将兵は、のべで2万2000人になる。人口が485万人の小国にすると、かなりの割合の若者が現地を体験したことになる。これは、ざっと国民の0・45パーセントの計算に当たる。日本の人口比に換算すると約60万人になる。

ＵＮＩＦＩＬへの参加は、中東に興味を抱く人口をこれだけ増やした。ノルウェーの中東関与の人的な結果である。これがノルウェーの中東関与を支える世論形成に寄与している。また、NGOの活動を支える基盤となっている。NGOの活動に目を移すと、レバノンに関しては、たとえば、**NPA**（Norwegian People's Aid：ノルウェー民衆援助協会）の活動がある。このNPAは、労働組合が基盤となって1939年に設立されている。現在の会員総数は約10万と言う。

NPA自身の定義によれば「人道連帯組織」である。設立以来、アジア、アフリカ、東欧、ラテン・アメリカの、**30カ国での活動の実績**を持っている。中東ではイラク、ヨルダン、レバノン、パレスチナで活動を展開してきた。

レバノンでは、1982年のイスラエルによる侵攻の後に活動を始め、現在はレバノンのパレスチナ人難民キャンプのすべて、そしてシーア派の多いベカー高原、レバノン南部などで活動している団体である。1982年と2006年のイスラエル軍の侵攻などの際には、緊急支援を実施している。また、女性の権利の擁護、難民の人権擁護、子供の権利、**地雷除去**、現地NGOの育成、保健環境、障害者支援、青少年教育などに従事している。年間の予算規模は、地雷除去関連を除くと3億円程度である。

この例のように労働組合がNGOを立ち上げ、国際問題に関与しようとの姿勢も興味深い。

オスロ合意の成立までに、裏方として大きな役割を果たした応用社会科学研究所の所長のテリエ・ラーセンのことは既に言及した。この**応用社会科学研究所**というのは、1981年にラーセン自身が立ち上げた研究所であるが、資金面でバックアップしたのは労働組合であった。

NGOの活動の例を、もう一つ挙げよう。2008年12月26日に始まったイスラエル軍のガザ攻撃のさなか、ガザのシファ病院では、ノルウェーのNGOである**NORWAC**（The Norwegian Aid Committee：ノルウェー救援委員会）の医療チームが、食料不足に耐え、栄養ビスケットをかじりながら活動を続けた。

医療の提供以外にも、欧米人のジャーナリストが不在だったガザにおいては、貴重な情報源となった。パレスチナ人の発言は、ハマスの宣伝ではないか、ハマスの意向を受けた発言ではないか、との疑いを受ける。しかし、ノルウェー人の発言は、欧米のメディアに対して説得力を持った。その存在は、もちろん戦闘自体の発生を阻止できなかった。しかしながら、医療を提供するという人道的な行為以外に、ガザの惨状を世界に伝える役割を果たした。これが、イスラエルの行動に限定的とはいえ、一定の抑制要因として働いた。

さらにノルウェーは、**クラスター爆弾の禁止条約**の成立に向けてイニシアティブを取ってきた。クラスター爆弾は、数百の小さな爆弾を内蔵しており、爆発と同時に広い範囲に散乱して人々を殺傷する。不発弾が多いため、この爆弾が使われると、戦闘終了後にも死傷者が発生する。２００６年には、レバノンでイスラエルが使用して国際的な批判を受けた。

クラスター爆弾禁止のためのノルウェーの外交は、紛争の被害の拡大の阻止のための努力と見ることができるだろう。クラスター爆弾が禁止されれば、紛争の多い中東での戦闘終了後の死傷者は減少するだろう。

戦争そのものは防げずとも、ＵＮＩＦＩＬの例、そしてＮＯＲＷＡＣの例、さらにクラスター爆弾禁止のためのノルウェーの努力は、状況のさらなる悪化に対して、抑制的な役割を果たしうる事実を示している。まさに、ノルウェーの中東への関与の成果である。

世界がノルウェーから学ぶとすれば、現地に自国民を駐在させ続けるという政策であろうか。その特徴は、軍や官僚などの公務員ばかりでなく、**ＮＧＯ職員**などの民間人が大きな役割を果たしている点である。それでは、ノルウェーは、いかにしてＮＧＯの活動を担保してきたのだろうか。これにはノルウェーの援助政策が大きく関係している。ノルウェーの海外援助の流れは、三分割されている。まず二国間援助である。つまり、対象国へのノルウェー政府からの直接の援助である。第二が多国間援助である。これは国際機関への資金提供を通じて行われる。第三がＮＧＯを通じての援助である。この第三がノルウェーの援助政策の特徴であり、しかもNGO経由の援助の額が大きい。援助総予算の何割にも達する。その援助総額は、2005年の数値で28億ドル（約3080億円）である。総額自体も大きいが、GDPに占める比率は1パーセントに近い。この比率は世界一である。ノルウェー人**一人当たり6万円**くらいの援助額を負担している計算である。

こうした気前の良い援助が可能なのは、ノルウェーの**エネルギー資源**のおかげである。ノルウェーは、産油産ガス国として豊かである。石油だけで見ると、サウジアラビア、そしてロシアに次ぐ**世界第3位の石油輸出国**である。そのため一人当たりの年間所得は、2008年の数値で9万5000ドルという高い水準にある。

日本は、しばらく世界第2位の経済大国と自称してきた。だがノルウェーの一人当たりの所得は、経済大国の日本の3万800ドルをはるかに上回るレベルである。また、余剰の石油収入を累積した20兆円規模の基金を誇っている。これは借金漬けの日本の財政とは、昼と夜ほどの対比である。

所得ばかりではなく、識字率（国の人口に対して、日常で使う簡単な文章を理解して、読み書きできる15歳以上の割合）、平均寿命などを含めて各国の「開発」の度合いを評価するUNDP（United Nations Development Programme：国連開発計画）の**「人間開発報告書」**によれば、ノルウェーは、2001年から2006年まで6年連続で世界一を誇っている。2007年には、アイスランドに1位の座を譲って2位に後退したものの、2009年版で首位に返り咲いた。要するにノルウェーは豊かな国なのである。

ノルウェーの社会主義の伝統から生まれてくる国際的な連帯の精神を、石油収入が支えてきた。そしてNGOの力が強いので、その支持者たちが政府に対する有効な**ロビー活動**を行いNGOへの支援をしてきた。これがノルウェーの中東への関与を保障してきた構造である。

豊かな国の豊かな政府からの補助金に支えられているので、通常NGOの活動の大きな部分を占める資金調達に関しては、ノルウェーのNGOは、エネルギーを割く必要がない。これが活動を後押ししている。たとえば、先に紹介したNPAの場合、レバノンでの活動資金の全額をノルウェー外務省が負担している。

また、政府との緊密な関係が、ノルウェーのNGOの機動性につながっている。2006年のイスラエル軍のレバノン攻撃の際には、攻撃開始直後にNGOが**人道援助**のための資金と物資の確保を、ノルウェー政府に要請するなどの動きがあった。

ノルウェーの紛争地への関与の特徴は、**当事者との交渉**である。たとえば、スリランカでは、独立運動の主体であった**タミール・タイガー**と、パレスチナにおいてはハマスと接触してきた。ハマスを承認しないとしてきた先進工業諸国の大半とは、異なる姿勢である。日本に置き換えて考えると、中東に積極的に関与するという姿勢があれば、与党にしろ野党にしろ、もっと大きな役割を果たすことも可能である。ノルウェーの労働党が、社会主義インターナショナルという場面を通じて、イスラエルの労働党との関係を持ち、その関係をPLOが利用しようとした例に言及した。各国の社会主義政党は、相互に様々な接触の機会を持っている。日本の社会主義政党に関しても条件は同じである。しかし、こうした外交努力の痕跡は見られない。関与しようとの姿勢がなければ、機会はただ過ぎ去って行く。

基本にあるのは、認識であり、姿勢である。日本の社会主義政党は、長年にわたって野党に徹し、意味のある外交に取り組もうとはしなかった。機会があったにもかかわらずである。平和主義を唱えるならば、**平和主義**を支える活動が望まれる。ノルウェー労働党との姿勢の差は、これもまた昼と夜のように鮮明である。

NGO職員を中心とする多数の人員が、緊急な人道援助の展開に寄与する。また、ノルウェー人の存在が、紛争に関する現地からの貴重な情報源となり、紛争当事者による軍事力の行使に間接的な形ながら一定の抑制要因として働く。こうしたノルウェーの経験に徴すれば、潜在的な紛争地域に多数の人員を常駐させる。これが**紛争の予防と拡大阻止**のための、努力の一翼を担うべきである。

NGOに援助の執行を任せるという政策は、程度の差はあるが、日本でも既に実行されている。これは、**お団子主義**として知られる。ODA（政府開発援助）とNGOをつないだ**ODANGO**をローマ字読みすれば「お団子」になるからである。

現地の情勢に詳しいNGOを通じて、政府資金の一部を流している。ただ、政府資金であるので、当然ながら非常に詳細な会計報告が求められる。これはNGO側に大きな負担を強いている。政府資金への依存が深まれば、NGOが政府の下請けになってしまい、政府とは独立した組織としての存在感を失うのではないかとの懸念が出てくる。

具体的には、政府資金を受け入れているNGOが、政府の政策を批判できるのだろうか。ODANGOの頭のOが取れて、行政とNGOのDANGO（談合）になってしまわないだろうか。政府とNGOの関係は難しい。ノルウェー型の政府とNGOの関係を他国に応用する際の問題点である。

ノルウェーの中東への関与は、様々な教訓を提示し示唆している。世界が、そして日本がノルウェーから学ぶべきことは多い。同時に、何を学ぶかは難しい。少なくともノルウェーの豊かさは、学べないからである。

第四章

アメリカとイスラエル・パレスチナの関係

なぜアメリカはイスラエルを支持するのか?

アメリカは超大国である。それゆえ中東においても、様々な利害関係を抱えている。冷戦期におけるアメリカの中東政策は、三つの目標を追い求めた。ソ連の影響力の排除、石油の確保、それにイスラエルの安全保障であった。この三つは往々にして相互にぶつかり合った。石油を確保するためには、アラブ産油国との友好関係の維持が必要であるのに、アラブ諸国と対立するイスラエルへの肩入れがそれを困難にしたからだ。

アメリカは、エジプトやシリアへの**武器輸出**には消極的であった。それはイスラエルに向けて使われることを懸念したからである。そうした隙間《すきま》を突いてソ連は、兵器の供給国としてアラブ諸国への接近に成功した。これは、イスラエルの安全保障と**ソ連の影響力の排除**という二つの目標が衝突した例である。

イスラエルの安全保障への肩入れが、アメリカの他の二つの外交目標を阻害した例は多い。にもかかわらず、アメリカがイスラエルへの支持を続けたのは、アメリカの**ユダヤ人たちの政治力**ゆえであった。だが、その強力なロビー活動(議員や政党などに働きかけ、政治的決定に影響を及ぼそうとする活動)で知られているアメリカのユダヤ系市民は、わずか550

万である。3億を超えるアメリカの総人口の2パーセントにも満たない。数の力に頼れないとすると、その影響力の強さはどこから来るのだろうか。

まず第一に指摘しておきたい事実は、**ユダヤ人の教育水準の高さ**である。ジャーナリスト、評論家、研究者、大学教員を多数輩出しており、マスコミにおいてその発言力が強い。たとえばアメリカを代表する新聞『ニューヨーク・タイムズ』は、ユダヤ人の所有である。

また、教育水準の高さは経済的な成功にもつながっている。そしてユダヤ系市民たちは、その経済力をイスラエルのために使ってきた。ユダヤ人はケチであるというのは、キリスト教徒が作り上げてきた偏見である。しかし、アメリカの政治家の間では、ユダヤ人は気前の良さで知られている。

ビル・クリントンが、1992年の大統領選挙の際に集めた政治資金のうちの個人献金の4割は、ユダヤ系市民からのものであったと報道されている。

ユダヤ・ロビーは、早期に支持候補を決めて資金を流し込む。候補者にとって資金集めが一番重要で、しかも一番難しい時期に寄付をすることで、政治家に恩を売るわけだ。結果としてユダヤ人たちの寄付は、その額以上のインパクトを持ちうるのである。

ユダヤ人は、**伝統的に民主党を支持**しているので、同党の政治家にとっては、ユダヤ人の支持を得ることが肝要である。クリントン大統領にとってもそうであったし、2000年の大統領選挙に出馬して、その後継者たらんとしたゴア副大統領にとっても、事情は同じであった。また2008年の民主党の大統領候補の指名を争ったバラク・オバマやヒラリー・クリントンにとっても、事情は変わらない。

もう一つ、ユダヤ人の政治面での影響力を拡大させている要因に、その**人口分布**がある。大統領選挙の勝敗を決する人口の大きな州に、ユダヤ人は集中しているからである。具体的には、**「ジューヨーク」**と冗談混じりに言及されるニューヨーク市を擁するニューヨーク州、中西部最大の都市シカゴを擁するイリノイ州、カリフォルニア州、フロリダ州などである。ちなみにジュー（Jew）は、英語でユダヤ人を意味する。

こうしたユダヤ人の政治力が、アメリカの中東政策に最初に大きなインパクトを与えたのは、1948年のことであった。

1948年5月、イスラエルの成立が宣言された際にアメリカ国務省は、アラブ諸国との関係の悪化を恐れ、その承認に消極的であった。ところが、当時のハリー・トルーマン大統領は、アメリカの国連代表にも知らせずに、イスラエルの成立宣言の直後にその承認を発表した。正確にはわずか11分後のことであった。この年の秋に大統領選挙を控えていた、**トル**

ーマンの決断であった。

フランクリン・ルーズヴェルト大統領の死去で、副大統領から大統領に昇格したトルーマンは、国民に選ばれた大統領ではなかった。それだけに次の選挙では苦戦が予想されていた。その大統領選挙では、対立候補の当選と誤報を出した新聞があったほど接戦の末に、辛くもトルーマンは当選した。当時の600万のユダヤ人の支持が、それだけ貴重であった。

1956年の反省、ユダヤ・ロビーの強化

1956年10月、イスラエル軍がエジプトのシナイ半島に侵入し、スエズ運河地帯への進撃を開始した。同時にイギリスとフランスの両軍は、この戦乱から国際交通の要であるスエズ運河を守るとの名目を掲げて、運河地帯へと進撃した。これが世に言う**スエズ動乱**の勃発であった。この戦争は**第二次中東戦争**としても知られている。さらには**スエズ戦争**という別名もある。

実は、この戦争はイギリス、フランス、イスラエルの三国が事前に打ち合わせて始めたエジプト侵略であった。この衝撃によって、運河を国有化したエジプトのナセル政権が崩壊す

ることを、イギリスは望んでいた。フランスは、**アルジェリアのフランスからの独立運動**をナセルが支援していると信じており、ナセルを叩いて、アルジェリアの独立運動に打撃を与えようと考えていた。

イスラエルにとっては、ソ連製の兵器を導入して軍事力を強化しているエジプトへの先制攻撃であった。イギリスとフランスは、イスラエルを巻き込めば、アメリカが侵攻に強く反対しないだろうと期待していた。

大統領選挙を前にしたアメリカのアイゼンハワー大統領は、ユダヤ人の票を考えるとイスラエルの行動に対して強い態度を取れないだろうと計算していたわけだ。10月末が作戦開始時期に選ばれたのは、11月初旬に予定されていたアメリカ大統領選挙の日程を考慮したからである。

しかし、アイゼンハワーの対応は、予想を裏切るものだった。アイゼンハワーは、この侵略行為を非難、経済制裁をちらつかせて、三国の軍隊をエジプトから撤退させた。なぜアイゼンハワーは、そうした強い政策に訴えたのだろう。そして大統領選挙を直前に控えながら、なぜユダヤ人の支持を失うような政策を取ったのだろうか。

まず重要なのは、この時期に進行中であった、ハンガリーでのソ連に対する反乱である。

アイゼンハワーは、世界の目をこの事件に集めて、モスクワの動きを牽制することを狙っていた。ところが、スエズ動乱の発生は、ソ連にとっては格好の煙幕となった。世界の耳目がスエズに集中している間に、ソ連軍が実力行使に出て、**ハンガリーの反乱**を鎮圧した。これがアイゼンハワーを怒らせた。そしてイスラエルを含む三国への強い対応につながった。

それでは、なぜアイゼンハワーはイスラエルに対して、強い政策を取れたのだろうか。ユダヤ票は欲しくなかったのだろうか。実はアイゼンハワーは、共和党から政界にデビューした人物であり、基本的にはユダヤ票は期待できない立場であった。前述のように、ユダヤ人は伝統的に民主党支持だからだ。

第二次世界大戦でノルマンディー上陸作戦を指揮したアイゼンハワーは、**西ヨーロッパ解放の英雄**であった。それゆえ党派を越えた支持を集めていた。大統領選挙が接戦でなければ、600万のユダヤ人口は、重力がなくなったかのように軽かった。

アイクの愛称で知られたアイゼンハワーの国民的な人気と、「アイ・ライク・アイク（アイクが好き）！」という共和党の選挙スローガンによって、アイゼンハワーは、11月7日、大差で民主党のアドレイ・スティーブンソンを破って再選を決めた。イギリス、フランス、そしてイスラエルが、アメリカの政治を完全に読み誤った例である。

イスラエルが中東での「戦略的資産」へ

アイゼンハワー大統領の再選は、ユダヤ人に苦い後味を残した。アメリカのユダヤ人たちは、それまで以上に強力な組織を作り上げることに力を傾注した。ワシントンで一番恐れられているのが**エスニック・ロビー**、**ユダヤ・ロビー**ができ上がって行く。

その結果、アイゼンハワー以降の大統領は、濃淡の差はあるものの常にユダヤ・ロビーの意向に配慮した中東政策を展開してきたと言えるだろう。イスラエルは、アメリカ外交にとってはお荷物だ。しかし、背負って行くしかないとの認識であった。

ところがイスラエルは、実際にはそんなに大きなお荷物ではないとの議論が、１９７０年代に入って出てくるようになった。そのきっかけとなったのは、１９７０年9月の**ヨルダン内戦**であった。１９６７年の第三次中東戦争でのアラブ諸国の完敗は、パレスチナ人の間に新たな潮流を生み出した。パレスチナ人が自力で、しかも武力闘争で失地を回復しようというヤセル・アラファトなどの路線である。アラファトの自力による武力闘争路線が支持を集めるようになったのは、エジプトのナセルの力によるパレスチナの解放に夢を託すことができなくなったからである。

パレスチナ人の様々な組織が、ヨルダンに基地を構え、イスラエルの支配地域へと出撃した。当然のことながら、イスラエルの報復がヨルダンに及ぶようになった。さらには、ゲリラたちがヨルダン国内で政府軍の権威に挑戦する事件も頻発するようになった。

パレスチナ・ゲリラに、ヨルダンを乗っ取られてしまうとの危機感を抱いたヨルダンのフセイン国王は、軍にゲリラの一掃を命じた。ヨルダン各地で激しい戦闘が繰り広げられた。しかし、正規軍と重火器を持たないゲリラの対決である。放っておけば勝敗の帰趨《きすう》は明らかであった。ヨルダン軍の攻勢が続いた。

ここでシリア軍が、パレスチナ・ゲリラを支援するために介入の姿勢を見せた。シリア軍の戦車が国境を越え始めた。シリア軍とパレスチナ・ゲリラの連合軍と、ヨルダン軍の対決の構図が見えてきた。ヨルダン軍の苦戦が予想された。そして、もしヨルダン軍が敗れれば、それは**ヨルダン王制の崩壊**を意味していた。

親欧米のフセイン国王をアメリカは守りたかった。しかし、アメリカ軍を介入させるわけにはいかない。ベトナム戦争の泥沼に腰まで浸かった観のあった当時のアメリカである。国民も議会もアメリカ軍の新たな介入を支持するはずもない。そこで当時のニクソン大統領の**特別補佐官ヘンリー・キッシンジャー**は、一計を案じた。アメリカ軍の代わりに、イスラエル軍の利用が考慮された。

　急いでイスラエルとアメリカの間で交渉が行われ、イスラエル軍が介入する構えを見せた。今度はヨルダン軍とイスラエル軍の連合軍と、シリア軍とパレスチナ・ゲリラの連合軍の対決という図式となった。中東最強のイスラエル軍が相手では、後者の勝利は望めない。シリアの戦車部隊が進路を変えて帰国した。イスラエル軍は、介入の姿勢を示しただけで介入を避けることができた。

　シリア軍に見捨てられたパレスチナ・ゲリラは、大きな打撃を受けて敗北した。アラファト以下の多数が、レバノンへと逃走した。そしてヨルダン王制は生き延びた。アメリカとイスラエルの連携プレーの勝利であった。逆にパレスチナ人は、1970年9月に多くの同胞を失ったとして、この事件を**黒い9月**として記憶している。これでイスラエルが、時としてアメリカにとって使える道具となりうることを示した。

　1967年の戦争で、参謀総長としてイスラエルを勝利に導いたラビンは、国民的英雄となったばかりでなく、アメリカのユダヤ人の間で人気を集め、退役後、ワシントンに大使として赴任していた。ニクソン大統領や、同じユダヤ人のキッシンジャー博士とは波長があったようで、そうした個人的な人脈を通じて、両国の戦略的な協力関係の基礎を築くのに貢献した。イスラエルという荷物が軽くなった。

さらにアメリカのお荷物のイスラエルという認識を一変させたのが、１９８１年に誕生した、**レーガン政権**であった。レーガンが、大統領選挙を戦ったのは１９８０年である。その前年の１９７９年は、アメリカの中東政策の底が抜けたような年であった。この地域の同盟者であった、**イランのシャー**（ペルシア語で王という意味）が没落したからである。

王制のイランは、アメリカの中東における三つの外交目標すべてを支えてきた。つまり、ソ連の影響力の排除という面では、中国に次ぐ長い国境線をソ連と接するイランは、ソ連軍のペルシア湾岸への南下を阻止するための頼もしいブロックであった。

また、石油の確保という面でもイランは重かった。重要な産油国であったし、アメリカの憲兵としてペルシア湾岸の急進派を抑える役割を担っていた。さらにイランの国民の大半は、イスラム教徒ではあるものの民族的にはアラブではない。そのためシャーは、パレスチナ問題からもある程度の距離をおくことができた。イランは、イスラエルのこの地域における実質上の同盟国となっていた。

ところが、１９７９年2月の**イラン革命政権の成立**と、11月のテヘランの**アメリカ大使館人質事件**という一連のショッキングな展開が続いた。１９７９年は、イランをアメリカの中東政策の要からその権益を脅かす震源地に変えた。しかも、12月にはソ連軍がアフガニスタンに侵攻した。ソ連軍の動きは、ペルシア湾への侵攻の助走ではないかとの懸念を呼び起こした。こうした情勢の中でレーガン政権が誕生した。その中東政策のキャッチ・フレーズは、**戦略的合意**であった。友好国のエジプト、イスラエル、サウジアラビアの協力関係を軸に中東戦略を再構築し、イランが抜けた穴を埋めようとの壮大な計画であった。

ソ連軍の南下の際には、イスラエル軍にサウジアラビアなどの**ペルシア湾岸の親米政権**を守らせようとの素晴らしい発想であった。唯一の問題は、この計画が中東の実情に全くあっていなかった点だった。サウジ王家は、イスラムの聖地メッカと、メディナの守護者であるという点を、王朝の正統性の表看板にしている。

そんな王朝が、アラブとイスラムの敵であるシオニストの軍隊に守ってなどもらえるはずはなかった。事実、1980年には、メッカの**大モスクが武装集団に占拠される**という前代未聞の大事件を、サウジアラビアは経験していた。こうした状況では、シオニストの軍隊など受け入れられるはずがない。後の湾岸戦争の際に、イラクのミサイル攻撃を受けたイスラエルの参戦を思いとどまらせるために、アメリカのブッシュ政権が必死になって説得した例が示したように、イスラエル軍は、実際にアラブ世界で使うことはできない。

イスラエルは、言わば現金化のできない資産で、実際には使えない見せ金にすぎなかった。それゆえ当時の駐サウジアラビアのアメリカ大使は、「戦略的合意」なる案の余りの馬鹿馬鹿しさに愛想を尽かして、辞表を叩き付けている。

こうした実情にもかかわらずワシントンでは、イスラエルは、中東におけるアメリカの**戦略的な「資産」**であるとの議論がまかり通ることになった。この地域でソ連と対決する際の頼りになる同盟者との位置付けが、イスラエルに与えられた。

以降、年間数十億ドルに達するイスラエルへの援助は、捨て金ではなく、アメリカの戦略目標の達成に貢献する効率の良い投資として、納税者に売り込まれることになる。1981年から1989年にかけての二期8年間のレーガン政権期にイスラエルは、アメリカの中東外交のお荷物から戦略的な資産に変身した。

もう一つの親イスラエル勢力、キリスト教原理主義

1980年代頃から、ユダヤ人とは別に熱心にイスラエル支持を訴える勢力が台頭してきた。この勢力が、ユダヤ・ロビーに匹敵するような力を見せている**キリスト教原理主義**の勢

力である。キリスト教徒でイスラエルを支持する人々は、自らを**クリスチャン・シオニスト**と呼ぶ。

政治と宗教の分離が建前とは言え、宗教はアメリカの政治に濃く深い影を落としている。たとえば、アメリカのすべての紙幣には、「IN GOD WE TRUST（我ら神を信じて）」との言葉が印刷してある。

そもそも**原理主義者**（Fundamentalist：ファンダメンタリスト）とは、聖書を文字通り受け入れる人を指す。この流れの人々は、**宗教右派**とも呼ばれる。ここでは、自らが信ずるキリスト教的な価値を政治を通じて実現しようとする考えを、すべて原理主義として言及しよう。数で言うと、アメリカの有権者の十数パーセントを占めている人々である。概して投票率が高く、政治的には実際の数以上の重さを感じさせる存在である。

宗教右派は**共和党の支持基盤の中核**をなしており、現在のアメリカの政治で大きな発言力を持っている。ブッシュ前大統領は、原理主義勢力の支持を受けて、2000年と2004年の大統領選挙を勝ち抜いた。

また、大統領自身も39歳のときにカリスマ的な大衆伝道師の**ビリー・グラハム**の指導で、「ボーン・アゲイン」を経験したとされる。ボーン・アゲインとは、「再度生まれる」という意味だが、日本語の「生まれ変わる」に近いニュアンスだろうか。

キリスト教原理主義勢力は、何ゆえにイスラエルを支持するのだろうか。その世界観によれば、イスラエルの再生は神による奇跡であり、世の終わりが近づいている証である。イスラエルを助け、聖地、つまり、全パレスチナのユダヤ化を支援すべきである。そうすれば世の終わりが訪れ、すべてのユダヤ教徒は、イエスを救い主として受け入れる。つまり、キリスト教に改宗する。あるいは神によって滅ぼされる。

ユダヤ教徒の改宗という点では違うが、一部のユダヤ教徒の抱いている認識とも重なる部分がある。それは、全パレスチナをユダヤ化することが**メサイア（救い主）の出現**を早めるとの考えである。

アメリカのキリスト教右派勢力と、イスラエルのユダヤ教右派勢力は、奇妙なつながりを見せる。世の終わりが来るまでは、両者の間に矛盾はない。なぜならば、ユダヤ教徒がキリスト教に改宗するという世界観と、メサイアの到来によってユダヤ教徒のみが救われるとの信仰のどちらが正しいかは、世の終わりまで試されることがないからである。

戦略的資産としてのイスラエルの価値

イスラエルは、レーガン政権期にソ連との冷戦を戦うための資産ということになった。しかしながら、その資産価値を暴落させる事件が、1980年代末に発生した。それは**冷戦の終結**であった。これでイスラエルの資産価値のバブルが弾けた。

イスラエルへの援助を削減しようとの声が上がり始めた。ブッシュ（父親）政権の意向を受けてアドバルーンを上げたのは、共和党の**院内総務のボブ・ドール**であった。ドールの提案は、新たに民主化への道を歩み始めた東欧諸国への援助の増額を求めるものであり、直接にイスラエルへの援助を削減しようというものではなかった。しかし、援助の総額の増大がなければ、アメリカの軍事経済援助の最大の受取り国であるイスラエルへの援助の削減が必要になる。さもなくば東欧への援助は不可能だからだ。イスラエルにとって苦しい状況であった。そうした状況を一変させたのが、1990年8月に発生した湾岸危機であった。

アメリカは、サウジアラビアの防衛のために、そしてクウェートの解放のために、世界各国に派兵を求めて多国籍軍を結成した。イラクは、これに対抗して**アラブ世界のチャンピオン**を演じ、イラクのクウェートからの撤退を求める前に、イスラエルをパレスチナ占領地から撤退させるべきだとの議論を展開した。

イラクは、クウェート問題とパレスチナ問題を結びつけようとした。世に言うリンケージ論である。そして湾岸危機を、イスラエルを支持する**アメリカ対アラブ世界の代表イラク**の対立として描き出して、アラブ世界の世論の支持を得ようとした。

そのためアメリカは、この対立をアメリカ対イラクではなく、ましてやアメリカ対アラブ世界ではなく、国際社会対イラクの対決であると世界に示すことを迫られた。つまり、アメリカが、アラブ世界を含む国際社会の代表であることを世界に認識させ、イラクを孤立させることを狙った。

その手段は、多国籍軍にアラブ諸国を参加させることであった。そうすることによって、イラクがアラブ世界の代表でないことを明らかにすることができる。ことに、これまでアラブ民族主義の代表のように振舞ってきたエジプトとシリアが、アメリカ側に兵力を派遣したことは重要であった。

逆にアメリカが絶対に望まなかったことは、イスラエルがこの対立に関与することであった。もしそうなれば、対決が**国際社会対イラク**ではなく、**イスラエル対イラク**に化けてしまう。

アメリカの説得によりイスラエルは参戦せず、フセインのリンケージの輪が断ち切られた。

湾岸戦争は湾岸戦争にとどまり、アラブ・イスラエル戦争には転化しなかった。しかし、この経験からアメリカは、パレスチナ問題をくすぶらせ続けることの危険性を強く意識することになった。

そこで、アメリカはパレスチナ問題解決のための国際会議の開催を決意した。湾岸戦争の勝利の余勢を駆っての外交攻勢であった。イラクが敗れたことでアラブ世界の強硬派は、影響力を低下させていた。逆に穏健派諸国は、自信を深めていた。

ブッシュ政権は、その圧倒的な影響力を背景にして、中東問題の解決に取り組もうとした。1991年秋、米ソ共催でスペインの首都マドリードに**中東和平国際会議**を招集した。

「アメリカ史上最もイスラエル寄り」のクリントン政権

中東和平国際会議の重要性は、その象徴性にあった。問題の当事者たちが一堂に会するという事実が重要であった。交渉の実質的な進展が期待されたのは、ノルウェーに関する記述で光を当てたように、1992年6月のイスラエルの総選挙でラビンが勝利を収めてからである。

アメリカのブッシュ政権は、ラビンと協力して和平プロセスを軌道に乗せる計算であった。ところが、イスラエルの総選挙の約半年後に行われたアメリカの大統領選挙では、一時は圧勝を予想された**ブッシュが落選**した。民主党のクリントンが、ホワイト・ハウスの新しい住人となった。

このクリントン政権は、外交分野ではユダヤ人の浸透度の高い政権となった。たとえば、大統領直属の**NSC**（NATIONAL SECURITY COUNCIL：国家安全保障委員会）で、中東を担当することになったマーティン・インディクは、その一番目立つ例である。政権入りする前には、アメリカのユダヤ・ロビーの総元締めに当たる**エイパック**（AMERICAN-ISRAELI PUBLIC AFFAIRS COMMITTEE：アメリカ・イスラエル公共問題委員会）にいた人物である。しかも、インディクは、それまでオーストラリア国籍だった。ホワイト・ハウス入りが決まって、アメリカ国籍を急いで取得した。すべてが異例の人事であった。副大統領のゴア自身の言葉を借りれば「アメリカ史上クリントン政権ほどイスラエル寄りの政権はない」ということになる。

１９６７年の第三次中東戦争の英雄ラビンがその威信を賭《か》け、アメリカ史上最もイスラエル寄りの政権の支持を確信して、和平に向かって歩み始めた。ラビン政権は、１９９３年に

ＰＬＯとの秘密交渉をノルウェーの仲介で開始した。その成果が同年の夏には、オスロ合意として発表された。和平プロセスが動き出した。

ラビンは、クリントンにとって特別な政治家である。クリントンの執務室には、ラビンの写真が飾られていた。ある意味では父親的な存在として、クリントンはラビンを見上げていたのだろうか。

こうしたラビンとクリントンの親密な関係もあり、中東和平プロセスが滑り出した。１９９３年にオスロでの合意が公表され、ワシントンのホワイト・ハウスで、合意文書の署名式が行われた。クリントンの見守る中でのＰＬＯのアラファト議長とイスラエルのラビン首相の握手の映像は、世界中に伝えられた。

そして、１９９４年には、ガザとエリコでパレスチナ人の暫定自治が開始された。さらにイスラエル軍は、エルサレムとヘブロンを除く占領地の主要都市から撤退した。和平プロセスは加速を始めた。しかし、このプロセスを引っ張ってきたラビンが、１９９５年11月に暗殺された。犯人は占領地の放棄に反対するユダヤ教徒であった。そして、１９９６年の総選挙では、ラビンの路線を継承したシモン・ペレス首相が、小差でタカ派のネタニヤフに敗れた。**ネタニヤフ政権**の誕生で、和平プロセスは速度を緩めた。

1996年は、アメリカにとっても選挙の年であった。現職のクリントン大統領が、共和党のドール候補を大差で破って再選された。二期目に入ったクリントンは、**マデリーン・オルブライト**を国務長官に任命した。これでアメリカ史上最初の女性国務長官が誕生した。

しかし、中東情勢という背景の中で眺めると、オルブライト国務長官の重要性は、性別ではなく宗教にある。チェコ出身のオルブライトは、キリスト教徒として育てられた。しかし、親がユダヤ教徒であったことが報道された。また、国防長官に就任した**ウィリアム・コーエン**も、もともとはユダヤ教徒で、後にキリスト教に改宗した人物である。

アメリカのユダヤ人のイスラエル観

クリントン政権は、ユダヤ人の支持を受けて成立し、要職にユダヤ人を配した。クリントンのスキャンダル相手の**モニカ・ルインスキー**までユダヤ人である。ゴアの言葉通りに、これほどイスラエル寄りの政権はなかった。

だが立ち止まって考えてみると、イスラエルは一枚岩の社会ではない。そこでは様々な考え方が競合している。親イスラエルとかイスラエル支持と言うのは簡単だが、実際にはイスラエルのどの考え方を支持するのだろうか。親イスラエルのあり方は難しい。その変化に目を向けることなくしては、最近のアメリカ・イスラエル関係のニュアンスを感じ取ることはできない。アメリカのユダヤ人のイスラエルに対する支持には、深く強いものがある。既に紹介してきたように、ユダヤ系のアメリカ市民たちは、陰に日向にイスラエルのためにアメリカ外交を動かそうとしてきた。

そうしたユダヤ人たちが、初めてイスラエルに違和感を覚えた事件は、1977年のベギン政権の誕生ではなかろうか。1948年の建国以来、イスラエル社会を牛耳ってきたのは、**アシュケナジーム**と呼ばれるアメリカのユダヤ人と同根のヨーロッパ出身のユダヤ人とその子孫であった。アシュケナジームの政党が労働党であった。

ところが、ベギンの率いたリクードの支持母体の中核は、**セファルディーム**と呼ばれるアジア・アフリカ出身のユダヤ人とその子孫であった。ベギン自身は、東ヨーロッパの出身ながら、その支持層はこのセファルディームであった。イスラエルの成立後に移民してきたこともあって、彼らはアシュケナジームの風下に立たされることが多い。教育でも、所得でも、住宅でも、すべてでイスラエルの二級市民的な立場におかれていると、セファルディームの多くが感じていた。そうした状況のセファルディームの渦巻く不満に火を点けて、ベギンというカリスマ的指導者が、長年の労働党支配を覆《くつがえ》した。この**タカ派の首相**が、1982年に**レバノン戦争**を開始した。

イスラエル軍は、レバノン南部を席巻し、たちまちベイルートに迫った。この都市に立て籠《こも》っていたアラファト以下のPLOのゲリラを包囲し、砲爆撃を浴びせた。ベイルートに住む民間人をも巻き込んだ包囲戦であった。この段階でアメリカが仲介に入った。ベイルートのゲリラは、海外に脱出する、イスラエル軍は、ベイルートに残されるパレスチナ人の安全を保障するなどの合意が成立した。

この戦争の特徴は、イスラエル国民の一致した支持を得られなかったことだ。それまでイスラエルが戦った戦争には、**生存のためには不可避**であるとの国内的なコンセンサスが存在していた。しかし、レバノン戦争は、イスラエルが選択した戦争であった。イスラエル北部に対するPLOのゲリラ攻撃の脅威はあったが、イスラエルの存在そのものを脅かすほど深刻ではなかったからだ。

別の言葉を使うならば、しなくても済む戦争であった。しかもPLOのゲリラがベイルートを撤退した後に、パレスチナ人の難民キャンプで非戦闘員の大量虐殺が起こった。イスラエル軍と同盟していたレバノンのキリスト教勢力の犯行であった。こうした展開をアメリカのユダヤ社会は、批判的な目で見詰めていた。

しかし、公然とイスラエルを批判することは、まだタブーであった。イスラエルに住むことなく、危険に身をさらすことなく、アメリカに居てイスラエルを批判することは、許されないとの暗黙の了解がアメリカのユダヤ人たちにはあった。このタブーが破られ、アメリカのユダヤ人たちが公然とイスラエル批判を口にするようになったのは、1987年末に始まった占領地でのインティファーダ（大衆蜂起）以降のことである。

さらに内外のユダヤ人のイスラエル像に衝撃を与えたのは、1995年の**ラビン首相の暗殺**であった。ユダヤ人がユダヤ人を暗殺した。このショックは大きかった。その後に登場したネタニヤフ首相が、和平を停滞させているとの認識は、アメリカのユダヤ人たちを失望させた。そして彼らを怒らせたのは、**ネタニヤフ政権の宗教政策**である。

イスラエルの選挙制度と宗教政党

ネタニヤフの率いる**リクード**の連立のパートナーのいくつかは、**宗教政党**と呼ばれている。こうした宗教政党の発言力は、その議席数に不釣合いなほどに強い。宗教政党が連立を離脱すれば、政府は瓦解するからである。こうした政党の最大の関心事は、宗教がらみの問題である。アメリカの政治の言葉を借用すれば、シングル・イッシュー政党に近い。こうした政党にとって重要なのは、たとえば、ユダヤ教神学校への政府の補助金などである。宗教政党は、入閣の条件として、宗教問題で大きな譲歩をリクードなどの主要政党から引き出すのが常であった。そうした譲歩の一つが改宗問題である。

この改宗問題とは何であろうか。ユダヤ人は、二種類に分けられる。宗教的な人間とそうでない人間である。ここで言う宗教的なとは、**シナゴーグ（ユダヤ教会）**に通う程度以上との意味である。さらに、この宗教的なユダヤ人は、属するシナゴーグによって三分類される。オーソドックス、コンサーバティブ、リフォームである。

イスラエルの宗教政党は、オーソドックスのユダヤ人たちの政党であり、その党の目標の一つは、宗教問題でのオーソドックスの影響力の拡大である。その要求の一つが、ユダヤ教への改宗問題である。元来、ユダヤ教は宣教の宗教ではない。積極的に宣伝によって信者を増やそうとの発想はない。ユダヤ人は**神によって選ばれた民**であるとの考えを抱いている宗教であるので、当然と言えば当然かもしれない。

神の方が選んだ人々がユダヤ教徒、つまりユダヤ人であり、人間の方がこの宗教を選ぶのではない。ユダヤ教徒はユダヤ教徒の家庭に生まれることによって、ユダヤ教徒となるのだ。

イスラエルの宗教政党が現在求めているのは、改宗をオーソドックスの独占事項としようとの法律の成立である。つまり、オーソドックスの**ラビ（ユダヤ教導師）**が行った改宗だけを有効であるとする法を成立させようとしている。ということは、コンサーバティブやリフォームのラビによる改宗は、イスラエルにおいて無効となるわけだ。

これにアメリカのユダヤ人社会は、不快感を露《あらわ》にしている。なぜならば、アメリカのユダヤ人の大半は、**コンサーバティブとリフォーム**のシナゴーグに属しているからである。コンサーバティブとリフォームのラビの手による改宗を認めないということは、それは両派のラビが本物ではないとイスラエルが言うようなものである。

つまり、そうしたラビに指導されたアメリカのユダヤ教徒は、本物ではないということになる。偽者のユダヤ人になってしまう。オーソドックスだけが本物で、一流で、オリジナルで、他のシナゴーグのメンバーは、偽者で、二流で、コピーのユダヤ人というわけである。

この状況に、世俗性の強いアメリカのユダヤ人たちは、苛立《いらだ》ちを強めている。そのため、1999年の選挙での**労働党の勝利**、そして**バラク党首の首相就任**は、アメリカのユダヤ人にとっても朗報であった。アメリカのユダヤ人たちのイスラエルへの苛立ちと距離感は、同時に**アメリカにおける成功**の反映という側面を一部では有している。かつてユダヤ人は、キリスト教徒と同等に扱われることはなかった。しかし、現在のアメリカのユダヤ人は、正真正銘のアメリカ人である。ユダヤ人のアメリカ社会での成功には目を見張るものがある。かつては珍しかったユダヤ人の閣僚も、現在では普通の風景である。

こうして見ると、ユダヤ人がユダヤ人としてのアイデンティティーを保持しながら、自らの才能を一番開花させている社会は、実はイスラエルではなく、アメリカであるとの議論も十分に成り立つ。つまり、ユダヤ人にとっての理想の社会、抽象的な意味での「イスラエル」は、パレスチナにある地理上のイスラエルではなく、アメリカであるとの議論へのジャンプである。イスラエルに対する失望感が深まれば深まるほど、また、アメリカにおける**ユダヤ人の成功**が大きなものであればあるほど、両者間の心理的な距離は広がらざるを得ない。

イスラエルを批判するユダヤ・ロビーのJストリート

こうした風景の中に芽を出したのが、イスラエルに批判的なロビー団体であった。この新しい組織が、果敢にもイスラエルの強硬な政策を批判し、しかもアメリカでも屈指の影響力を誇る**ユダヤ・ロビー**に挑戦している。この組織とは何か？　誰が立ち上げたのか？

この組織は、**Ｊストリート**と呼ばれるユダヤ人の組織である。もちろんＪは、Jew（ユダヤ人）を想起させる頭文字でもある。そのイスラエル批判ゆえに、この組織は、今ワシントンで一番話題のロビー団体である。

２００８年４月に発足したばかりの組織が話題を集めているのは、イスラエル支持をうたいながらも、イスラエルの政策に批判的だからである。

たとえば、Ｊストリートは、２００８年末にイスラエルが開始したガザに対する攻撃を批判した。政治的問題に軍事的な解決はありえない。Ｊストリートはガザからイスラエルへのロケット攻撃を批判しつつ、同時に少数の過激派の行動を理由に、既に困窮している１５０万のガザの人々のすべてに罰を加えるイスラエルの政策は、正しくないとの議論を展開した。

この団体への注目度を反映して、東部のインテリの間で、特にユダヤ系の読者の多い『ニューヨーク・タイムズ・マガジン』誌が、２００９年９月12日号でＪストリートに関する長文の記事を掲載した。

Ｊストリートのイスラエルの政策への批判は、わかった。それでは、具体的には何を求めているのだろうか。それは、**アメリカの積極的関与による中東和平の実現**である。パレスチナ国家の樹立による、二国家解決案による問題の収拾である。

基本的には、１９６７年当時の線までイスラエルが撤退することと、ガザ地区とヨルダン川西岸でのパレスチナ国家の樹立である。この案では、エルサレムは、イスラエルとパレスチナの共通の首都となる。また、双方の合意による若干の領土の交換も排除しない立場である。言葉を変えるならば、これは、クリントン大統領が二期目の終わりの直前に描いた和平案である。同時にオバマ政権の中東政策でもある。Ｊストリートのスローガンを借りるなら、「イスラエル支持、平和支持！」である。

これまでのアメリカのユダヤ人組織の大半は、イスラエル政府がどのような政策を取ろうが、無条件で支持してきた。ところがＪストリートは、**イスラエルの政策を公然と批判**しつつ、しかも、**イスラエル支持を強調**している。これがこの団体の新しさである。それでは、このＪストリートとは、いかなる組織なのか。

その実態に興味を持ったので、２００９年9月にアメリカの首都ワシントンのＪストリートの事務所を訪問した。Ｊストリートで最初に気がついたのは、その住所である。実はＪストリートは、存在しない。ＩとＪが見間違えやすいので、Ｊを通りの名前に付けなかったという説がある。Ｊストリートは、他の多くのロビー団体と同じく、Ｋストリートに位置している。

2.7対4.4

Jストリートの広報担当のクルブシ氏によると、アメリカの積極的な関与による中東和平の実現が、**イスラエルのユダヤ性と民主制を守る**唯一の政策である。この議論の背景にあるのは、パレスチナにおける人口動態である。大まかに言うと、日本の外務省のホームページによれば現在のイスラエルの総人口は740万である。このうちの75パーセントはユダヤ人で、残りの20パーセントがアラブ人、つまりパレスチナ人である。そして、5パーセントがその他である。

実数では、ユダヤ人は553万で、アラブ人が148万である。そしてアメリカのCIA（中央情報局）の2010年の推定によればガザ地区に150万、ヨルダン川西岸に250万のパレスチナ人がいる。イスラエル市民権を持つパレスチナ人と、ガザ地区とヨルダン川西岸地区のパレスチナ人を合計すると548万になる。

歴史的なパレスチナ、つまり、イスラエルと占領地であるガザとヨルダン川西岸を合わせた地域では、553万のユダヤ人と548万のパレスチナ人が住んでいる計算になる。既に両者は、ほぼ同数である。しかも出生率で見ると、イスラエルのユダヤ人は2.7であるのに対して、イスラエルの市民権を有するパレスチナ人は4.4である。人口の動きからすると、パレスチナ全体では、ユダヤ人が少数派に転落する瞬間が刻々と迫っている。いや人口の逆転は、おそらく既に起こっているだろう。

イスラエルのユダヤ性が薄まって行くのと同時に、その民主制も腐食しつつある。イスラエルは、ヨルダン川西岸の占領とガザの封鎖によって、自らの民主主義的なリベラルな価値を失いつつある。

イスラエルがリベラルな民主制を維持し続け、しかもユダヤ性を同時に維持したければ、占領地を切り離すしかない。そして、そこにパレスチナ国家を樹立するしかない。その新国家とイスラエルが、平和裏に共存する。それこそが**民主制とユダヤ性を維持する唯一の方法**である。占領を続け、パレスチナ人の人権を蹂躙《じゅうりん》し続けるイスラエルは、ユダヤ人たちが夢見てきたリベラルな民主国家ではない。

しかも、連立内閣の続くイスラエルの内政を考えると、イスラエル政府には、和平のための大幅な譲歩は期待できない。イスラエル政府に期待するのは、奇跡を待つようなものである。奇跡の代わりに、アメリカの影響力で中東に和平を実現したい。これが、Jストリートの活動を支える情勢認識である。

ユダヤ人のイスラエル離れ

既存のアメリカの親イスラエル団体は、イスラエル政府の立場を無批判に支持する余り、イスラエルの真の国益に反してきた。イスラエルを愛するのであれば、イスラエルを批判すべきである。真の愛は、時には厳しさを伴うべきである。

こうした認識は正しいのだろうか。本当にアメリカのユダヤ人たちは、イスラエルに批判的なのだろうか。Jストリートの発表している世論調査の結果を見ると、2008年の大統領選挙では、**78パーセントのユダヤ系市民がオバマに投票**した。

また、75パーセントは、オバマ政権の積極的な中東和平への関与を望んでいる。さらに72パーセントが、二国家解決案をアメリカの安全保障上の利益だと考えている。その上60パーセントが、イスラエルの占領地への入植に反対している。こうした数字は、Jストリートの主張を裏付けている。

既存のユダヤ組織の問題は、ユダヤ系市民の意見を吸い上げていないことばかりではない。ユダヤ系市民の、イスラエルへの関心の低下を見逃している。若い層になればなるほど、イスラエルとは距離を置き始めている。多くの若いユダヤ系市民にとっての政治的な最大の関心事は、**経済**であり、**教育**であり、**医療**である。

Jストリートの目的の一つは、若い層への訴えである。それでは、いかなる方法で若い世代の心をつかもうとしているのだろうか。それは第一にスタッフの若さによってである。Jストリートのスタッフの平均年齢は30代であろうと、『ニューヨーク・タイムズ・マガジン』の記事は、推測している。そして第二に、若さと関連してインターネットの利用によってである。

創始者の一人で専務理事の**ジェレミー・ベンアミ**は、クリントン大統領期には、ホワイト・ハウスで働いていた。その後、2004年の大統領選挙では、民主党の大統領候補指名を争ったハワード・ディーンの選挙参謀であった。

バーモント州の知事から立候補したディーンは、予備選の緒戦では善戦した。だが結局は、ケリー候補に敗れた。そのディーンの選挙で一番注目されたのが、インターネットの利用であった。ディーンの**インターネット選挙**を支えた人物が、今度は同じ手法で、新しい親イスラエル団体の構築に挑戦しているわけだ。

ちなみにディーンは、その後、民主党の全国委員長に就任し、2008年のオバマの当選を背後から支えた。このオバマの選挙キャンペーンは、2004年には存在しなかった動画サイトのユーチューブの活用など、ディーン以上の大規模かつ巧みなインターネットの利用で記憶されている。

Ｊストリートに対する批判

Ｊストリートの動きに対しては、既存の親イスラエル団体から、そして、イスラエルのタカ派からの激しい反発が起こっている。要するに、イスラエルのために何がベストなのかを、アメリカのユダヤ人の方が、当事者のイスラエル政府よりもよくわかっている。というのが、Ｊストリートの主張である。これは、途方もない傲慢《ごうまん》な立場だとの反発である。

２００８年末から２００９年１月にかけて、つまり、オバマの大統領就任直前にイスラエルがガザに対して行った**大規模な軍事行動**を、Ｊストリートは批判した。この件についてはすでに触れた。

これは、事の是非は置いておいて、イスラエルの政策を常に支持するという、アメリカの親イスラエル団体の規範から逸脱した行為であった。Ｊストリートは、注目を浴びた。そして既存の団体から攻撃を受けた。

また、イランの核問題に関して、Ｊストリートが外交による解決を支持しているのも、対イラン強硬路線を訴えるイスラエル政府の政策に反している。これもイスラエル内外の強硬派を怒らせている。Ｊストリートの主張は、イスラエルの安全を脅かすと。

もう一つＪストリートが、イスラエル政府と立場を異にしているのは、ハマスへの対応である。イスラエル政府が、そして日本や欧米の多くの政府が、ハマスをテロ組織として忌避している。これに対し、Ｊストリートは直接の接触には否定的ではあるものの、第三者の仲介を通じての**ハマスとの交渉**を是認している。

エイパックの6000万ドル対Ｊストリートの300万ドル

ロビー組織の力量を測る基準は、集金能力である。Ｊストリートは、２００８年に大統領選挙と同時に行われた連邦議会選挙で、支持する候補者のために半年で約60万ドルを集めた。この資金が41名の上下両院の候補者に投入された。大半はユダヤ人ではない候補者だった。そのうちの33名が当選を果たしている。Ｊストリートの**ウェブ・サイト**を見れば、その資金で当選した議員が感謝を表明する映像がアップされている。

Ｊストリートは、それなりの集金能力を示したわけだ。組織の立ち上げに当たっては、ユダヤ系で著名な投資家、あるいは投機家として知られる**ジョージ・ソロス**も資金を提供したとの噂があった。この点をＪストリートの広報担当のクルブシ氏に確認すると、次のように説明してくれた。ソロスは金を出さなかった。ソロスの投機家としてのソロスのイメージが非常に悪いので、ソロスの金が入るとＪストリートの評判を傷つけると懸念されたからである。

ソロスの資金は入らなかったが、多くの財団が、そして個人が寄付を行っている。少額の寄付者も含めると、資金提供者の総数は2万人に上る。

Ｊストリートの理念に共鳴するアラブ系市民からの、そしてイスラム教徒のアメリカ市民からの寄付さえある。そうした寄付の額そのものは、全体の2～3パーセントとＪストリートは説明している。

Ｊストリートと対比される既存のユダヤ組織の代表格は、**エイパック**である。エイパックは、反イスラエル的と見なす議員の選挙区に、刺客候補を送り込む。そして、その刺客に全米のユダヤ系市民からの寄付が集中するという仕組みを作り上げている。これが、政治家のイスラエルに批判的な言動を封殺してきた。

しかし、Ｊストリートは既に紹介した二つの武器で、エイパックに抵抗しようとしている。

第一は世論調査の結果である。イスラエルに批判的なユダヤ系市民が多いという数値である。世論調査の結果から判断すれば、イスラエル批判は、ユダヤ票の自動的な喪失《そうしつ》を意味しない。第二にお金である。資金面での援助によって、議員たちにオバマ政権の中東政策を支持するように訴えている。

組織としてのJストリートは、2009年9月段階では22名のスタッフからなっている。その中の4人がロビーイストである。さらに2名の追加雇用の予定と、クルブシ氏は語ってくれた。このロビーイストというのが、直接に議員に働きかける実働部隊である。

対議会活動の一環として、議員を中東現地に招待したり、逆にイスラエルのオピニオン・リーダーをアメリカに招いたりするなどの活動も行っている。

イスラエルの元軍関係者で、和平に積極的な人物を招き、アメリカのユダヤ人たちに、イスラエルの和平勢力への支持を訴えているわけだ。軍関係のハト派というのが、単なるハト派よりも説得力があると、招聘《しょうへい》に力を入れている。

支援者としては、インターネットで**10万人が登録**している。登録した支援者は、議員へJストリートの立場を訴えるメールを送るなどの活動に関与している。

オバマ政権は、明らかにJストリートと和平への立場を共有している。2009年6月、オバマ大統領は、ホワイト・ハウスにアメリカの主要なユダヤ組織の代表を招いて懇談した。その中に、Jストリートの代表がいた。

この懇談会で、既存のユダヤ組織の代表が、アメリカとイスラエルが公然と対立するのは、いずれの利益にもならないと指摘した。イスラエルに、入植地の凍結を公然と求めるオバマの姿勢への批判であった。

ブッシュ前大統領と、イスラエルの政権は親密であった。しかしながら、和平には何の進歩もなかったとオバマは反論した。アメリカとイスラエルが時には、公然と対立するのも悪くないとの立場であった。つまり、Jストリートと同じ考えである。

また、オバマ政権は、2009年10月に開催されたJストリートの大会に代表を送った。この会に誰が出席し、誰が欠席するのかが注目を集めた。欠席者で目立ったのは、駐アメリカのイスラエル大使であった。出席者の代表は、この会の基調講演者であった**ジョーンズ将軍**であった。オバマ大統領の**国家安全保障問題の補佐官**である。

ジョーンズ将軍は、講演でオバマ政権の中東和平への強い意志を確認した。同時にJストリートの大会には、毎年オバマ政権が代表を送ると約した。ジョーンズ将軍以外にも、40名の連邦議会の議員が出席した。さらには、イスラエルからペレス大統領やリブニ前外相がメッセージを送って、Ｊストリートの会を祝した。

誕生から2年もたたない組織の会にしては、異例の盛り上がりであった。もはやＪストリートを無視しては、アメリカのユダヤ系市民の政治活動は語れなくなった。

こうしたＪストリートの誕生と成長は、突然に予兆なく起こったのではなかった。イスラエル・ロビーのアメリカ議会における圧倒的とも言える影響力が、アメリカの国益を損なっている。そうした批判は、長らくくすぶってきた。たとえば、１９９６年の大統領選挙で共和党の指名を求めて立候補した保守派の論客の**パット・ブキャナン**は、アメリカ議会を「イスラエル占領地」と痛烈に批判している。

議会に提出される中東関係の決議の文章を、エイパックのスタッフが起草した例なども報告されているので、イスラエル占領地との表現にも、それなりのリアリティーがある。

また、話題を呼んだのは、２００６年に発表されたシカゴ大学の**ジョン・Ｊ・ミアシャイマー教授**と、ハーバード大学の**スティーヴン・Ｍ・ウォルト教授**の2人による論文である。

この論文の中で、両教授は、イスラエル・ロビーの活動を批判的に分析した。これは、インターネット上で広範な読者を獲得し、２００７年には単行本としてイギリスで出版された。アメリカの出版社がためらったので、イギリスの出版社が選ばれたとされる。同年に日本でも『イスラエル・ロビーとアメリカの外交政策』（講談社）として翻訳が出版された。

イスラエルを、そして親イスラエル・ロビーの活動をアメリカの国益という観点から、冷徹に分析しようとの流れを反映した研究である。Ｊストリートは、こうした動きの延長線上に位置する組織である。

背景にあるのは、**イスラエル社会の変化**であろう。１９７０年代までのイスラエルでは、労働党の支配が続いていたが、１９７３年の第四次中東戦争の緒戦での苦戦の責任を問われる形で労働党は、リクードに政権を譲った。以降イスラエルは、現在に至るまで右傾化を続けている。

その特徴は、**ユダヤ教伝統派**の影響力の伸長であり、パレスチナ人を含むイスラム世界への強硬な路線である。このイスラエルを、レーガン大統領やブッシュ（息子）大統領が支持してきた。

ところが、アメリカのユダヤ教徒の大半は、宗教色の強い人々ではない。しかもリベラルで民主党支持である。イスラエルの動向と、アメリカのユダヤ社会の間にギャップが広がりつつあった。このギャップを埋め、アメリカのリベラルなユダヤ人の意向を反映した組織を立ち上げようとの動きは、２００６年頃から顕在化していた。

2008年にJストリートが、このギャップを埋める形で登場した。そして50名の豊かなユダヤ人が、それぞれ1万ドルを寄付して組織の資金面での後ろ盾となった。

しかし、Jストリートは生まれたばかりである。2009年6月にJストリートが下院に回覧したオバマ大統領への公開書簡は、84名の署名を集めた。その内容は、アメリカの積極的関与による中東和平の実現を求める内容であった。

アメリカの下院には、435名の議員がいる。上院との合計で535名の連邦議員のうちの84名がJストリートの立場を公然と支持した。およそ16パーセントである。しかし、他の大半の議員は、書簡の内容に反対、あるいは、既に言及したエイパックの反応を懸念して署名しなかったのであろう。恐らく後者の方が重要な要因であろう。

また、**エイパックの年間予算が、6000万ドル**（約51億円：2010年8月現在）なのに対し、Jストリートの予算は、300万ドル（約2億5500万円：2010年8月現在）である。前者の5パーセントである。力の差は歴然としている。

問題は将来である。今後Jストリートが、どのくらいのスピードで、どのくらいの力を持つようになるのだろうか。延長線は、どのくらい太くなり、どこまで延びるのだろうか。

Jストリートのロゴは、英語の**J Street**の横に右肩上がりの矢印が付いている。この矢印のように**右肩上がり**でJストリートは、力を伸ばせるだろうか。
その答えが、オバマ政権の中東政策を占う材料の一つとなろう。

Jストリートのロゴ。右肩上がりの矢印が印象的だ

Jストリートの広報スタッフのクルブシ氏（左）とウィリアムズ氏（右）

Jストリートのスローガン「イスラエル支持、平和支持!」を掲げるワシントンDC郊外のジョージタウンのシナゴーグ

ペトレイアス将軍の「反乱」

エイパックなどの既存のロビーが一番脅威を覚えているのは、Ｊストリートの登場ではない。予想もしなかった方向からの、新たなロビー活動である。それはイスラエルとパレスチナの和平の進展を求める、アメリカ軍の動きである。

２０１０年3月16日、米上院の軍事委員会で、アフガニスタンとイラクの戦争を管轄する米中央軍の**ペトレイアス将軍**が証言した。その証言の際に提出された報告書の内容が、注目を集めている。報告書は、イスラエル・パレスチナ問題に関して次のように述べている。

イスラエル・パレスチナ問題の存在が、米軍の妨げになっている。紛争が燃え上がると、それが反米感情を煽《あお》る。また、米国がイスラエル寄りであるとのイスラム世界での認識があるので、地域の政府や人々と米軍が信頼関係を樹立できない。

さらには、穏健諸国の政権の正統性を傷つけている。この問題に関する地域の人々の怒りが、アルカーエダの支持基盤を広げている。その上、この紛争があるので、ヘズボッラーやハマスを利用して、イランがアラブ世界に影響力を行使している。

軍の幹部が、**中東和平の停滞**が米軍の活動を阻害していると、公的に発言するのは前例がない。ペトレイアス将軍は、ブッシュ政権末期の「サージ」と呼ばれた、イラクへのアメリカ軍の増派を成功させ、内戦状態にあったイラクの情勢を安定させた最大の功績者として、党派を超えた評価を勝ち得ている人物である。その人物が、イスラエル・パレスチナ問題の解決の重要性に言及した意義は大きい。

ペトレイアスの議会証言と同じ2010年3月に、**バイデン副大統領**が、唐突とも思えるタイミングでイスラエルとパレスチナを訪問した。

和平の再開のために、入植地の建設の中止をアメリカが求めている。にもかかわらず、イスラエルは、バイデン副大統領の訪問中に、新たな入植地の建設を発表した。これがアメ

バイデン副大統領（左）とオバマ大統領（右）　写真提供：共同通信社

リカを怒らせた。その後、ネタニヤフ首相は、発表のタイミングの悪さについて謝罪した。しかし、新たな入植地の建設そのものについては、謝罪していない。

注目されるのは、イスラエルとアメリカが、公然と対立したという事実ばかりではない。この突如のバイデン副大統領のイスラエルとパレスチナへの訪問の背景である。それは、中東和平の進捗を望む米軍の働きかけであると、インターネット上で『フォーリン・ポリシー・オンライン』誌が伝えている。

この記事に関しては、アメリカのCNNなどのメディアが、かなりの時間を割いて報道した。注目されるのは、エイパックなどの親イスラエル団体が、ペトレイアス発言に対しての批判を控えている点である。ペトレイアス将軍の発言の衝撃の強さが想像できる。対イスラエル関係は重要であるが、**米兵の生命**ほど重要ではないという軍の議論には、反論を許さぬ重さがある。

2010年春、オバマ政権は、懸案であった**医療保険改革**の法律を制定した。この余勢を駆って金融業界の規制にも乗り出している。就任1年を経てオバマ政権は、ようやく地に足が着き始めた。外交に力を注ぐ余裕を持ち始めている。その課題の一つは、もちろんイスラエルとパレスチナの和平の再開と推進、そして問題の最終的な決着である。

イスラエルは、依然として入植地の建設を続行する構えであるが、アメリカも圧力をかけ続ける姿勢である。両者の精一杯の力比べ、我慢比べが続いている。

Jストリートに代表されるアメリカのユダヤ人の新しい動き、そして、軍のイスラエルへの苛立ちにも似た発言、いずれもオバマの動きを後押ししている。オバマ大統領の**積極的関与による和平**の進展への期待が、アメリカの内外で高まっている。

第五章

その他の国々とイスラエル・パレスチナの関係

EU（欧州連合）諸国とイスラエル・パレスチナの関係

EU諸国では、イスラエルに批判的な声が高まっている。それは、イスラエルの占領地におけるパレスチナ人の扱いが酷《ひど》いからである。さらにアラブ諸国の方が、欧州諸国にとっては重要な経済的なパートナーとなっているからでもある。輸出市場として、さらには石油と天然ガスの供給先としてアラブ諸国は決定的に大きな役割を担っている。

その上、イスラム世界、特に**アラブ諸国からの移民**が増え、この問題に関する関心が高まっているからでもある。政治家にとっては、この人たちの関心が政治的な意味を持ち始めている。

1956年、イギリスとフランスは、イスラエルと共謀してナセルのエジプトを攻撃した。また1967年の第三次中東戦争までは、イスラエル軍の主要な装備はフランス製であった。さらにはイスラエルの核兵器開発には、フランスが密接に協力した。

しかし、そうした時代は過ぎ去った。EUは、パレスチナ難民と自治政府の主要な援助供与者となっている。民間レベルでも、多くのNGOが現地でパレスチナ人のために活動している。加えて、**イスラエルの占領地で生産された物品のボイコット運動**が起こっている。その上、イスラエルの研究者や大学関係者との学問的な交流を止めようという運動さえEUの一部の大学で起こっている。

歴史的なヨーロッパのキリスト教社会によるユダヤ人迫害、そして第二次世界大戦中の虐殺、そして、その罪の意識を背景とするイスラエル支持、これがヨーロッパの対イスラエル政策の基調をなしていた。たとえばドイツは、イスラエルに対して多額の経済援助を与えた。

しかしながら、そうした被害者としてのイスラエルのイメージは、1967年の第三次中東戦争による占領地の獲得以来、確実に変化してきた。ヨーロッパにおけるイスラエルに対する同情心は、かつてないほど低くなっている。

ロシアとイスラエル・パレスチナの関係

イスラエルが1948年に成立を宣言すると、間髪を入れずにアメリカが承認を発表した。その直後に、ソ連もイスラエルを承認した。ソ連の当時の**独裁者スターリン**によるイスラエル承認の決断の過程は明らかではない。おそらくイスラエルの成立が、イギリス帝国主義の中東からの撤退を加速すると考えたのだろうか。またイスラエルの共産主義的な共同農場キブツなどの運動に、社会主義の母国としてソ連は好意を抱いたのだろうか。

そのソ連が、中東に本格的に進出してくるのは１９５０年代である。しかもイスラエルではなく、**アラブ諸国との接近**にソ連は動いた。まずエジプトに対する兵器の供与が、その糸口となった。続いてシリアやイラクにも**ソ連製の兵器**が流れ込んだ。１９５６年の第二次中東戦争の際には、イギリスとフランスがエジプトから撤退しないならば、ロケットによる攻撃も辞さないと、両国を脅迫してエジプトを応援したこともある。

１９６７年の第三次中東戦争後にソ連は、イスラエルと外交関係を断絶した。ソ連が支援していたアラブ諸国のあまりの酷《ひど》い敗北に、ソ連外交は冷静さを失っていたとしか考えられない。これでソ連はイスラエルとの正式な外交ルートを失い、中東問題の調停者としての地位を失った。アラブ側とだけ話ができても、イスラエルと交渉できないのであれば、調停は不可能であるからだ。以降は、中東和平は**アメリカの独壇場**となった。

ソ連はＰＬＯ、エジプト、シリア、イラクなどへの支援で中東における影響力を確保していた。しかし、１９８５年にゴルバチョフ書記長が登場し、改革、いわゆる**ペレストロイカ**を開始すると、状況は一変した。ソ連は、国内改革に集中するために外交的にはアメリカとの競争関係に終止符を打ったからである。シリアやイラクに対する支援が低下した。ある意味、ソ連は中東外交の表舞台から退場した。このソ連が再び舞台に登場するのは、ソ連邦の崩壊を経て**プーチン大統領**の下でロシア経済が復活してからである。現在はイスラエル・パレスチナ問題の和平を推進する四者（カルテット）、つまり国連、EU（欧州連合）、アメリカ、ロシアの一員として主要な役割を担っている。

ちなみに、パレスチナ自治政府に対する最大の援助国の一つである日本が、なぜこのカルテットに入れなかったのか。外交当局の怠慢としか呼びようがない。カルテットに入れなかった結果、日本は金を出しても口は出しにくい地位に追いやられた。もし日本が入っていれば五者（クインテット）になっていたのだろうか。日本の**中東外交の失態**である。

東南アジアとイスラエル・パレスチナの関係

世界でイスラム教徒が一番多い国はどこだろう。それはイスラム誕生の地であるアラブ諸国ではない。シーア派の大国イランでもない。それは、**人口2億を超えるインドネシア**である。そしてもう一つ、東南アジアにはイスラム教徒の多い国がある。マレーシアである。この両国でパレスチナ人を支援しようとの動きが高まっている。

これは巡礼の増加など中東との交流が深まると、パレスチナの実情に対する知識が高まってきたからである。また、両国における経済水準の上昇によって、両国民に外の問題に目を向ける余裕が出てきたからでもある。

しっかりとした統計はないが、すでに民間レベルでは、ハマスへの寄付が相当の額集められているようである。

また、政府レベルでも、パレスチナに対する援助をとの動きが高まってきた。日本政府も、この両国と協力しての支援を検討している。もちろんハマスではなく、ファタハの支配するパレスチナ自治政府への支援である。

逆にイスラエルと関係が深いのが、シンガポールである。それはシンガポールが1965年にマレーシアから分離して独立した際に(実際にはマレーシアから追放されたのだが)、シンガポールの国家建設にイスラエルが協力したからである。

当時、**都市国家シンガポール**が自立できると考えた国は少なかった。そのため軍を創設するための援助要請をシンガポールから受けたアメリカもイギリスも、これを断った。どうせつぶれる国と付き合っても無駄との判断からであった。そこにイスラエルが登場した。イスラエルがシンガポール軍の立ち上げに協力した。こうした経緯があるので、イスラエルとシンガポールは、現在でも密接な関係を維持している。なおシンガポールにも、少数派ながら一割を超える程度のイスラム教徒が生活している。

中国とイスラエル・パレスチナの関係

１９７０年代に、文化大革命の混乱から抜け出しつつあった中国は、第三世界の代表として、反帝国主義勢力のリーダーとして、国際政治の表舞台に登場した。中国は、しかしながら**イスラエルと密接な関係**を樹立している。

発展途上諸国の多くが、イスラエルを好意的に見ていないにもかかわらずである。それは、中国がイスラエルからハイテク兵器を輸入するためである。中国は軍のハイテク化を進めているが、アメリカからの兵器輸入は難しい。アメリカが中国に対して、警戒心を抱いているからだ。

そこで中国は、イスラエルのハイテク兵器に注目した。しかし、イスラエルの最新兵器にはアメリカ製のハイテクが使われている場合が多く、これがアメリカとイスラエルの摩擦要因となっている。仮に将来アメリカ軍と中国軍が、たとえば**台湾海峡上で衝突**するような場合、アメリカの兵員がイスラエルが供給した兵器によって、殺されるようなケースが想定されるからである。

たとえば、中国に空中給油技術を供与したのは、イスラエルであると広く信じられている。これによって中国空軍の行動範囲が拡大された。台湾の問題を巡って、中国と向かい合う**アメリカの第七艦隊**にとっては脅威である。

アメリカとその同盟国が保有しているのに、中国が保有してない軍事技術は、まだまだ多い。そうした一つが、空中警戒管制システムと呼ばれる技術である。巨大な航空機にレーダーとコンピューターを搭載したもので、地上に配備されたレーダーよりも格段に遠い目標を捕らえ、味方の航空機などを支援することができる。

イスラエルが、この技術を中国に輸出する予定であったが、これに対してはアメリカ国内に強い反対が存在した。アメリカの親イスラエルの議員までが、この輸出に反対した。その結果、イスラエルは2000年7月、この2億6千万ドルの契約の破棄を発表した。この例のように、中国、イスラエル、アメリカの三角関係は見かけ以上にニュアンスがあり、複雑である。しかしながら、こうした問題を抱えながらも、イスラエルと中国の関係が進行している。

また、中国は、かつてユダヤ人社会が上海などで栄えていた事実を宣伝し、アメリカのユダヤ人に**対中国投資**を呼びかけている。かつての中国でのユダヤ人社会の繁栄を代表する例を挙げれば、上海の旧租界にそびえ立つ**和平飯店**である。別名サッスーン・ハウスである。サッスーンとは、イラクのユダヤ系の有力な一族の名前である。イギリス帝国主義の中国への進出に従って中国にやってきた一族である。2010年の上海万博の開会に間に合うように改装されたが、以前には、アヘンを吸うための部屋まで存在したという。

上海の夏は厳しい。エアコンのなかった時代には、耐えられないほどであったろう。上海の豊かなユダヤ人の中には、避暑のために夏は神戸の山の手で過ごす人々もいた。現在でも神戸の洋館の一つとしてサッスーン邸が残っている。このサッスーンは、シリアのユダヤ人の家系のようで、サッスーン・ハウスの所有者とは別人のようである。

もう一つ中国におけるユダヤ人の成功の例を挙げると、香港の最高級ホテルの**ペニンシュラ・ホテル**がある。このホテルは、上海でサッスーン家のために働いていたイラク系のユダヤ人のエリィー・カドゥーリが独立して始めたものだ。第二次世界大戦中は、香港を占領していた日本軍が使っていた。そしてバブル期にはブランド・ショップを並べた地下のショッピング・モールに日本からの観光客が殺到し、入場制限までした時期さえあったという。何度も日本人に占領された経験のあるホテルである。

ホテルとしては、かつての主人の建てたサッスーン・ハウスを超える成功を収めており、超高級ホテルとしてペニンシュラは、ニューヨークなど世界の大都市にチェーン展開している。

2007年に東京の日比谷でも、ペニンシュラ・ホテルが開業した。第二次世界大戦後にマッカーサー元帥が日本占領本部を置いた皇居前の第一生命のビルの近くである。そして上海万博を前にカドゥーリは、上海にもペニンシュラを進出させた。

その上海では、かつてのユダヤ人社会の中心であったシナゴーグ（ユダヤ教会）が現在では再建され、博物館として公開されている。ここは、第二次世界大戦中のヨーロッパでの迫害を避け、シベリア鉄道で中国に到着したユダヤ人たちがアメリカへ移住するまでの期間、心のよりどころとしていた場所である。

こうして中国は、一方でイスラエルへ、さらにはアメリカのユダヤ人社会への心配りを見せている。だが同時に他方では、中国にとっては中東の産油国が、それ以上に重要である。経済の発展により**中国のエネルギー需要**は爆発的な伸びを見せているからだ。

1990年代に既に石油の輸出国から輸入国に転落した中国は、アラブ産油国そしてイランとの経済関係を積極的に深めようとしている。こうした石油生産国にとっては、イスラエルとパレスチナの問題は重要である。中国は、この面への配慮を求められている。

イスラエルやアメリカ一辺倒では、エネルギーの確保にマイナスとなる。日本がそうであったように、中国もイスラエルとアメリカ、そして中東の産油国への配慮という両者のバランスの維持に苦慮している。

日本とイスラエル・パレスチナの関係

第二次世界大戦後にアメリカの占領統治下から脱すると、日本は直ちにイスラエルとの外交関係を樹立した。これは、イスラエルからの働きかけに応じたものである。中東で孤立していたイスラエルは、一つでも**多くの国からの国家承認**を求めていた。

日本のキリスト教関係者、そして、左翼インテリなどの間にはイスラエル支持の雰囲気が強かった。イスラエルへ出向き、原始共産制を体現したとされる農場であるキブツで、労働をしたりする若者も少なくなかった。中には、それが追放されたパレスチナ人の農場であった事実に気づく者も、後には出てくる。

だが、この当時アラブ側の事情に日本人は概して暗かったし、パレスチナ問題に注意を払う人々も少なかった。こうした日本の状況を一番よく表しているのが、1970年代初頭のクウェート外相の日本訪問時の対応であった。

クウェート外相は、パレスチナ問題のアラブ側の立場について、日本に理解と支持を求めて来日した。既に触れたように、当時はクウェートの外交官として、多くのパレスチナ人が働いていた。この事実が、クウェート外相の訪日の背景にあったと想像される。対応に当たったのは、**大平正芳外相**であった。

クウェート外相の説明の際に大平外相が居眠りをしたとして、クウェート側が激怒した。大平外相はそもそも目が細いので、起きていても眠ったように見える、と日本外務省は懸命の釈明をした。しかしながら、クウェート側は大平外相は手に持ったタバコがすべて灰になっていたのに気がついていなかった、それが眠っていた証拠だとして、納得しなかった。日本のパレスチナ問題への関心の低さを、象徴する事件であった。

政府より先に中東の重要性と革命性に着目したのは、過激派であった。日本の**連合赤軍**はレバノンにメンバーを送り、パレスチナ・ゲリラから軍事訓練を受けた。そして1972年、赤軍のメンバーが、**イスラエルの空港で銃を乱射**する事件があった。

これは、広くテロ事件として記憶されている。しかし、パレスチナ人の一部にとっては、外国人がパレスチナ人のために命を懸けた事件としても記憶されている。この事件で生き残った岡本公三は、英雄ですらある。

日本人の大部分が、中東の重要性に気づかせられたのは、1973年の10月であった。この月、既に触れたようにエジプトとシリアがイスラエルを奇襲攻撃して、第四次中東戦争が始まった。アメリカがイスラエルに対する緊急軍事援助を開始すると、アラブ産油国は石油禁輸を発表した。内容は、アメリカやオランダのように、イスラエルを支持する国々への全面的な石油輸出の禁止、非友好国への段階的な輸出量の削減などであった。

気がついてみると、日本は非友好国へと分類されていた。石油を持たない日本はあわてた。その当時は、**輸入する石油の8割は中東**からであった。その半分がアラブ諸国から、残りの半分がイランからであった。

アラブとイランの区別すらつかない多くの日本人は、8割の石油が止まるとパニック状態であった。ちなみにペルシア人の国イランは、石油と政治はミックスしないとして、石油の輸出を続けて大もうけした。

日本は国連決議に基づく解決を支持するとの声明を発表したが、無駄であった。パレスチナ問題の解決の基礎となる文書に、**国連安保理決議242号**がある。日本は、この文書を支持すると主張したのであった。

しかしながら、この決議の正文は英語とフランス語があり、両者間には微妙な違いがある。この文書は、イスラエル軍の１９６７年の第三次中東戦争での占領地からの撤退を求めている。ところが英語版では、占領地の前に冠詞がない。この場合には、占領地の一部からの撤退と読めなくもない。ところが、フランス語版には占領地に冠詞がついている。その意味は明確ですべての占領地となる。つまり、**英語版では占領地の一部**と読め、**フランス語版では全占領地**としか読めない。なぜ両者に違いがあるのだろうか。国連で交渉した外交官たちの語学力に不足があったのだろうか。いや、そうではない。これは外交的な妥協の産物だった。

アラブの外交官は、フランス語版に依拠して全占領地からの撤退との自らの要求を通したと母国で主張でき、イスラエルの外交官は英語版を示して撤退の範囲は全占領地ではないと言い張れた。したがって国連安保理決議２４２号を支持すると、いくら日本政府が発表しても、何の意味もなかった。問題は英語版を支持するのか、あるいはフランス語版なのかであった。

日本がこの問題への政策の変更を検討していた頃、アメリカのキッシンジャー国務長官が来日した。田中角栄首相とキッシンジャーが会談した。現在、和平努力を行っているので、日本はしばらく事態を静観してほしい、政策の変更は控えられたいとキッシンジャーは述べた。

田中首相は、日本が静観し、アラブ諸国からの石油が本当に止まった場合には、アメリカが自らの石油を日本に融通してくれるかと尋ねた。キッシンジャーの答えはノーであった。それならば日本は独自の道を行くしかない。田中首相の決断であった。その後、日本政府は二階堂官房長官の談話という形で**親アラブ**の立場を鮮明にした。そこで、イスラエルに全占領地からの撤退を要求したのである。これは安保理決議242号の**フランス語版の解釈**である。その新しい政策を説明し、非友好国扱いを止めてもらうために日本は、中東に特使を派遣した。特使となったのは、三木武夫であった。後に総理大臣になる人物である。

当時の外務大臣は、またしても大平であった。だがクウェート外相との件もあったし、三木が適任であるとの判断であった。三木は中東諸国を歴訪し、日本の立場を切々と訴えた。そして、年末には日本は、めでたく非友好国扱いを免れることとなった。アラブ諸国からの石油輸出量の削減の対象から外れた。しかし、この頃までに**石油価格は4倍**に上昇していた。

この経験でパレスチナ問題の重要性を思い知った日本は、この問題に積極的にかかわるようになる。パレスチナ難民への支援を増額した。また、PLO（パレスチナ解放機構）との接触を開始した。交渉で日本がPLOに要求したのは、赤軍との関係の断絶であった。

そして1981年、日本はアラファト議長を招いた。アメリカが、当時はテロリストと見なしていた人物である。アメリカに遠慮してか、日本政府が招待するという形式は踏まずに、日本パレスチナ友好議員連盟が招待主となった。そして東京にＰＬＯの代表事務所が開かれた。二階堂声明でアメリカから一歩離れ、独自の中東外交を踏み出した日本の第二歩目であった。また、１９９６年からは国連のＰＫＯ（平和維持活動）の一環として、自衛隊がゴラン高原に派遣されている。これには安保理の常任理事国入りを目指す日本が、人的面での国際貢献を世界にアッピールする狙いもある。

さらに、１９９３年のオスロ合意で和平が本格的に動き出すと、日本はパレスチナ自治政府支援のために、９億ドル（約９９９億円：１９９３年のドルレートで換算）以上の経済援助を注ぎ込んだ。日本は、アメリカとＥＵとならぶ**パレスチナへの大援助国**である。現在は和平交渉自体は停滞してはいるが、日本は自治政府を経済面から支えるとの姿勢を維持している。ただ日本は、ガザ地区を支配しているハマスを承認しないとの立場である。しかし、これではガザ地区の人々への支援が困難である。

日本のハマスとの接触、対話そして承認が待たれる。ガザをハマスが支配している以上、この組織との交渉抜きには何事も起こらないからである。かつてテロ組織と呼ばれたＰＬＯを、日本がアメリカに先んじて承認した前例を思い出したい。

第六章

キーワードで読むパレスチナ問題

「ユダヤ教」「キリスト教」「イスラム教」

中東を語る際に言及される「ユダヤ教」「キリスト教」、そして「イスラム教」の三宗教の相互の関係はどうなっているのだろうか。

この三つの宗教のうちで一番古いのは**ユダヤ教**である。これは神とユダヤ教徒間の契約という考え方の宗教で、ユダヤ教徒は神の教えを守り、神は世の終わりにユダヤ教徒を救うという思想である。この宗教の特徴は、神は一つという教えである。唯一《ゆいいつ》の神は**ヤーヴェの神**とされる。

人は神の教えを守るためには、神の教えを知らねばならない。それでは、どのようにして神の教えを知るのだろうか。それは**預言者**を通じてである。

神は、その言葉を聞く預言者を遣《つか》わされる。ユダヤ教には多くの預言者が登場する。日本人にも一番なじみのあるのは、〝モーゼ〟であろう。ユダヤ教徒を連れてエジプトを出、紅海を割って(モーゼの十戒)シナイ半島へ渡ったとして知られる人物である。ユダヤ教は、現在でもアメリカやイスラエルを中心に、全世界に1000万人以上の信者を有している。

このユダヤ教の流れから出てきたのが、**キリスト教**である。今から約2000年前にユダヤ教徒として生まれたイエスは、自らを神の子と名乗った。それまでのユダヤ教の教えを否定し、自らの教えを信じる者は救われると説いた。その神は、やはり唯一神である。英語では、唯一の神を**ザ・ゴッド（the God）**と呼ぶ。これはユダヤ教徒がヤーヴェと呼ぶ神と同じである。

キリスト教の教えによれば、神と人間との約束はイエス以降、新しい段階に入った。ユダヤ教が教える約束は古くなった。イエス以降の新しい約束の時代に入った。それまでのユダヤ教の教えを伝える聖書は、キリスト教徒からは**旧約聖書**と呼ばれる。これは古い約束の書という意味である。

そしてイエス以降の教えの本は、**新約聖書**と呼ばれる。この二つの部分を合わせて聖書とするのがキリスト教的な理解である。もちろんユダヤ教徒は、イエスを神の子とは認めていない。聖書はキリスト教徒が旧約と呼ぶものしか認めない。聖書に言及するに当たって新約とか旧約とかの言葉を使うと、それはキリスト教の立場からの言及になる。

そして今から約1400年前に、アラビア半島でムハンマド（マホメット）が、**イスラム教**を創始した。イスラム（アラビア語で忠実に発音するならば「イスラーム」となる）とは、「服従」の意味である。

何に服従するのかと言えば、神の意思である。それでは、神の意思を人はいかにして知るのだろうか。それは、神のメッセージをもたらす人である預言者を通じてである。

預言者を通じて神の教えを受けるという、ユダヤ教の伝統に近い考え方である。事実イスラムは、ユダヤ教、そしてキリスト教を神の教えを伝えた聖なる宗教として尊重している。違いは、神の一番新しいメッセージが、**ムハンマド**によってもたらされたとする認識である。

ムハンマドは、神ではない。人である。したがって、イスラムをマホメット（ムハンマド）教と呼ぶのは、間違いである。信徒ムハンマドを神として崇拝しているわけではないからだ。日本では「イスラム教」との表現も使われる。最近ではアラビア語に忠実にイスラームとの表記も多い。

イスラムの視点からは、ユダヤ教、そしてキリスト教の教えの延長線上にムハンマドの教えは位置している。したがってイスラムの神も唯一神である。これを**アッラー**とアラビア語で呼ぶ。ユダヤ教やキリスト教の神と別のアッラーの神がいるという認識ではない。イスラム教徒も、ユダヤ教徒やキリスト教徒と同じ神を崇めている。アッラーとは、アラビア語で「唯一神」という意味である。英語のザ・ゴッド（the God）に当たる。

この唯一神が、人類の発展段階に合わせて預言者を遣わしたとの認識がイスラムにはある。

イスラムでは、イエスは預言者として尊敬されているが、**神の子**とは見なされていない。あくまで人間と見なされている。

ムハンマドが伝えた神のメッセージは、コーラン（アル・クルアーン）として知られる。なおムハンマドは、自らを**最後にして最大の預言者**と呼んでいる。それゆえ、ムハンマド以降に預言者が遣わされることはイスラム的にはありえない。

ユダヤ教、キリスト教、イスラム教の相互関係はイスラム教の視点からは下の概念図のようになろう。

パレスチナ人の宗教

最初にも触れたが、パレスチナ人の大半はイスラム教徒である。約9割がイスラム教徒のスンニー派、

イスラムの視点

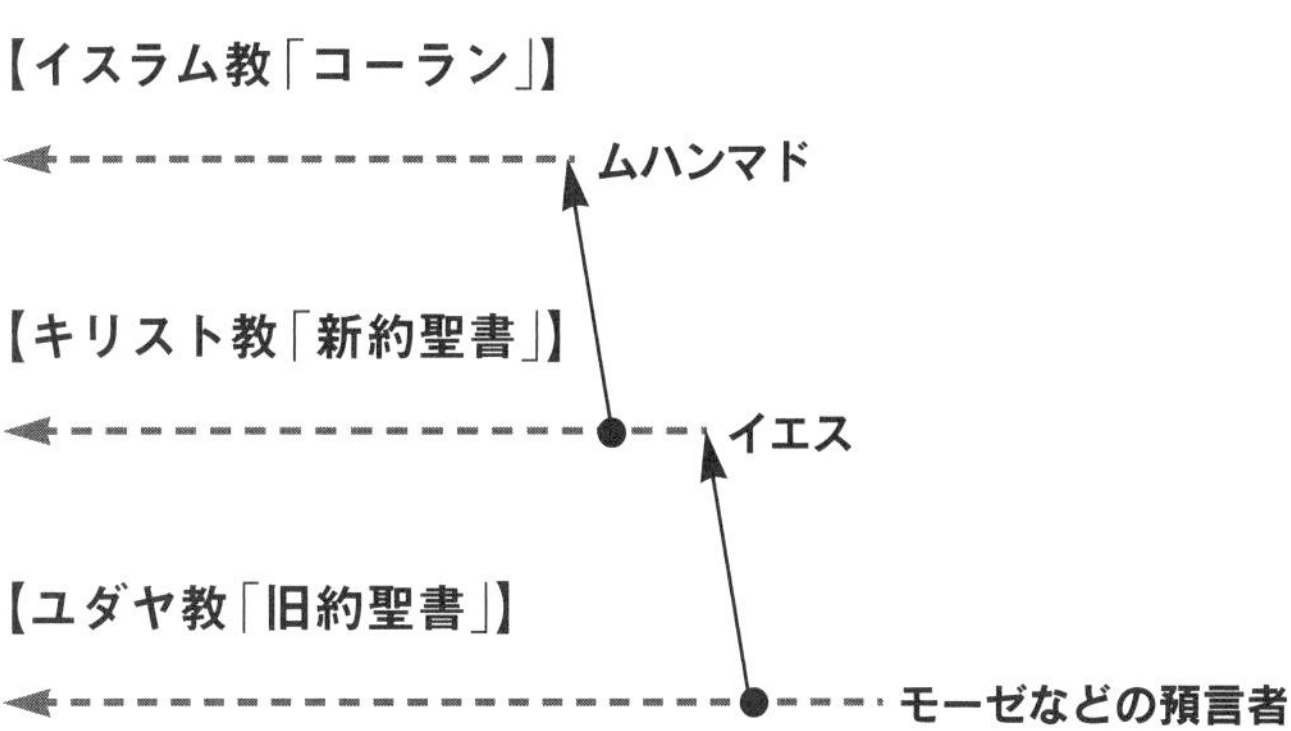

残りの約1割がキリスト教徒である。そしてごく少数であるがユダヤ教徒がいる。

彼らは19世紀末にヨーロッパから入ってきたユダヤ教徒でもなく、また、1948年のイスラエルの建国後にアラブ諸国から移民したユダヤ教徒でもない。代々パレスチナの地に住み続けていたユダヤ教徒がいた。そして、やはり23ページで紹介したようにユダヤ教徒は、イスラム教徒やキリスト教徒と平和に共存していた。こうした人々とその子孫は、現在はイスラエルの市民となっているが、パレスチナ人と解釈してもよいだろう。

「スンニー派」と「シーア派」

預言者ムハンマドの生きている間は、イスラム教徒の指導者が誰かは明らかであった。それはムハンマド自身であった。しかし、その死後は、誰が指導者になるかで信徒の間で対立が起こった。

アブー・バクルという人物が、その後継者となり、次に**オマル**、その次に**オスマン**、そして**アリ**と続いた。この順番をよしとした人々がスンニー派である。

しかし、生存時のムハンマドは、本来アリを後継者と考えており、指導者の地位はムハンマドからアリへと直接引き継がれるべきであった。そう考えた人々がシーア派である。アリは、ムハンマドの従兄弟《いとこ》であり、ムハンマドの娘の夫でもあった。

したがってシーア派から見れば、アブー・バクルとオマル、オスマンは、アリの地位を不正に奪った悪人である。こうした名前のイスラム教徒は、自動的にスンニー派と判断できる。

人口比で見ると、スンニー派がイスラム教徒の9割を占めており、シーア派は1割にすぎない。パレスチナ人のイスラム教徒もスンニー派である。シーア派が盛んなのは**イラン、イラク、レバノン南部**などである。

「アラブ人」と「パレスチナ人」

誰がアラブ人、あるいはアラビア人であるかを決めるのは難しい。ここでは仮に、アラビア語で生活する人々をアラブ人（アラビア人）としておこう。

アラブ連盟というアラブ諸国の組織がある。ここには、22のメンバーが加入している。PLO（パレスチナ解放機構）もパレスチナを代表して、その一員である。

であるので、アラブ人という広い枠があり、その中にエジプト人、シリア人、イラク人、クウェート人などとともにパレスチナ人がいる。つまり、大まかに言えばパレスチナ人であればアラブ人であるが、アラブ人がすべてパレスチナ人ではない。ちなみにイランは重要なイスラム国家であるが、ペルシア語を公用語としており、アラブ国家ではない。

パレスチナ人の居住地

イスラエル国内に、イスラエル市民権を持つパレスチナ人が存在する。イスラエル建国時は、75万のパレスチナ人が難民となって故郷を離れた。しかし、中にはイスラエルの建国にもかかわらず生まれ故郷に残ったパレスチナ人もいた。そうした人々と、その子孫の148万人がイスラエルの北部を中心に生活しており、イスラエルの人口の20パーセントを占めている。

そのようなパレスチナ人は、イスラエル市民として投票権は与えられているが、この国では国民皆兵が建前にもかかわらず、アラブ系の市民は徴兵の義務がない。と言うよりは、多数派のユダヤ人がパレスチナ人を信用していないので、武器を持たせない。国内では**二流市民的な扱い**を受けている。

そして、イスラエルから封鎖されてはいるものの、自治地域のガザ地区に140万人のパレスチナ人が生活している。ガザ地区の広さは365平方キロメートルで種子島くらいである。ただ、種子島の人口は3万人ほどである。ガザ地区の人口は150万人であるので、種子島の50倍の人口密度となる。

さらに、ヨルダン川西岸地区に240万人のパレスチナ人が生活している。ガザとヨルダン川西岸地区のパレスチナ人は、パレスチナ国家が存在しないので、どこの**国籍も有していない**のが現状である。

イスラエルのアラブ人、ガザとヨルダン川西岸のアラブ人、そしてパレスチナ人を合わせると548万人になる。これはイスラエルのユダヤ人553万人に迫る数である。さらにレバノン、シリア、ヨルダンなどの周辺諸国に難民となったパレスチナ人とその子孫が、またアメリカ、カナダ、ヨーロッパにも多くのパレスチナ人が生活している。その数は約500万人で、パレスチナに住む人口とあわせると、パレスチナ人の**世界での総数は約1100万人**である。

「オスマン帝国」と「オスマン・トルコ帝国」

13世紀にアナトリア、つまり、トルコ半島に発した**オスマン朝**は、長い年月を費やして支配地域を拡大し、1453年には、コンスタンチノープルを陥落させて、**東ローマ帝国**にとどめを刺した。そして、この都市を**イスタンブール**と改名し、自らの首都に定めた。

また、この歴史的な都市を支配下に置くまでには、オスマン朝は、帝国と呼ぶにふさわしい広さの領土を獲得していた。その支配地域は**ボスポラス**と**ダーダネルス**の両海峡を挟み、アジアとヨーロッパにまたがっていた。さらに16世紀には、エジプトの奴隷王朝であるマムルーク朝を滅ぼして、アフリカにまで領域を拡大した。これでオスマン帝国の支配地域は、アジア、アフリカ、ヨーロッパの三大陸に及んだ。

ヨーロッパでもオスマン帝国の進撃は続き、1529年には、ウィーンの城壁の外にまでオスマン兵が到達している。これが第一回目の**ウィーン攻囲**である。失敗には終わったが、オスマン帝国の力を示した事件であった。

二回目の、そして最後のオスマン軍のウィーン攻囲の1683年に、ヨーロッパでのオスマン帝国の勢力範囲は最大限に達した。歴史が示すように、この攻囲も失敗に終わった。援軍が救援に駆けつけ、オスマン軍を打ち破ったからである。

この攻囲戦は、文化交流史的にも大きな役割を担《にな》ったとされている。オスマン軍の勝利を予想したパン屋が、オスマン軍に媚《こ》びるため、シンボルであった三日月の形をしたパンを焼いて用意した。これが**クロワッサン**の起源であり、後にオーストリアのハプスブルグ家のマリー・アントワネットがパリのブルボン家に嫁いで、クロワッサンをフランスに伝えたとされている。これには逆に、オスマン軍に対するオーストリアの勝利を記念して、月の形のパンを焼いたとの異説もある。どちらも面白い話ではあるが、事実ではないだろう。

さらに、オスマン軍の撤退の後にガフベという飲み物、つまりコーヒーが残されていた。ウィーンっ子がこれにホイップ・クリームを浮かべて飲むようになった。これが**ウィンナー・コーヒー**の起源とされている。これも興味深い話ではあるが、確認はできない。しかし、オスマン帝国とハプスブルグ家の接触は殺し合いだけではなかったことの証拠であろう。

このオスマン帝国を理解する上でのポイントの一つは、オスマン帝国の支配層が、自らを「トルコ人」とは呼ばなかったという事実である。支配層は自らを**オスマン人**と呼んでいた。したがって、この帝国の自称は**オスマン帝国**であり、オスマン・トルコ帝国ではなかった。オスマン・トルコというのは、ヨーロッパ人による呼称である。

事実、この帝国で出世するのにトルコ系である必要はなかった。出自に関係なくオスマン帝国のエリートとなった例は数知れない。スルタン（オスマン帝国の支配者）は、支配地域のキリスト教徒の子弟を選んで奴隷とし、イスタンブールに集めて、イスラム教に改宗させて文武両道の教育を施した。その能力により、軍隊に入った者もいれば、官僚となった者もいた。オスマン帝国の強力な軍事力と高度に発達した官僚制度を人材の面で支えたのは、キリスト教徒出身の**改宗イスラム教徒の奴隷集団**であった。

スルタンは、この制度により自らに忠誠を誓う直属の軍隊と官僚団を得た。キリスト教徒から子弟を徴用したのは、**シャリア（イスラム法）**は、イスラム教徒の奴隷化を禁じているからである。厳密には経典の民であるキリスト教徒の奴隷化も禁止しているのだが、オスマン帝国のシャリア解釈は柔軟であった。

当初は徴用に抵抗していたキリスト教徒たちも、自らの子が将来は帝国の高位高官になるとわかると、後には逆に自分の子をスルタンの奴隷にしようとした。徴用に当たる官吏に賄賂を贈った例も伝えられている。つまり、オスマン帝国のエリート層のかなりの部分は、ヨーロッパのキリスト教徒の出自であった。スルタンさえ、ハレムのキリスト教徒との出自の女性を母とした場合もあった。そのオスマン人の間では、トルコという言葉は、「野卑な」とか「粗野な」「洗練されていない」との否定的な響きを持ってさえいた。オスマン帝国がオスマン帝国であり、オスマン・トルコ帝国でなかったゆえんである。

しかし、これは、なかなか便利な表現である。というのは書物を読んでいて**オスマン・トルコ帝国**という表現に出会った途端に、その著者がオスマン史に暗い人物だと判断できるからである。

オスマン人の理念が体現していたのは、誰でもが出自に関係なく参加できるという、オスマン帝国という制度の開放性であった。しかし、この広大な帝国を二つの風が脅かすようになった。一つは**ヨーロッパ列強の軍事力**である。既に触れたように、オスマン軍はウィーン攻囲を潮目にして以降は撤退に次ぐ撤退を続けた。そして、もう一つの風は民族主義という考えである。

この考え方については、前にも触れた。しかし重要なポイントなのでくり返しておこう。民族主義とは以下のような一連の考え方である。まず人々は民族という単位に分類される。そして民族という集団の成員は運命を共有している。個人は民族という枠の中でこそ、自己を最高に実現できる。となれば各民族は、自分の国家を持つべきである。具体的には、この民族主義という情念にとらわれた人物は「お国のために」との理由で、様々な犠牲をいとわない。ときには死さえもである。これは現代の世界においても強力な考えである。

こうした考えが浸透してくると、多くの宗派を支配下に置いていたオスマン帝国は体制を維持できなくなった。ミッレト（各宗派の共同体）が高度の自治を享受する制度が、オスマン帝国の支配の基本原理であった。つまり、**ギリシア正教徒**はギリシア正教徒で自治を、カトリック教徒はカトリック教徒で自治をという原則であった。

しかし、こうした宗派の信徒がそれぞれ「民族」として目覚め、独立を要求するようになると、オスマン帝国の支配は維持が困難になった。バルカン半島が**ヨーロッパの火薬庫**となったのは民族主義の思潮の到来の結果である。そして、このミッレトという言葉の意味が、各宗派の共同体から民族へと変化し始めた。

結局はヨーロッパ列強の軍事力に外から押され、また内からは民族主義の台頭による制度疲労によってオスマン帝国は滅亡を迎える。とどめの一撃となったのは、第一次世界大戦での敗北であった。そして、その遺体にイギリスとフランスが、ハゲタカのように襲いかかった。

〈著者紹介〉

高橋和夫（たかはし・かずお）福岡県北九州市生まれ。大阪外国語大学ペルシア語科を卒業、コロンビア大学国際関係論修士。クウェート大学客員研究員を経て、現在は放送大学教授。放送大学で担当科目の『現代の国際政治』、『世界の中の日本』などがテレビとラジオで放送中。日本を代表する中東研究者の一人で、メディアで発言したり講演を行う。主な著作に、『アラブとイスラエル パレスチナ問題の構図』（講談社現代新書）、『アメリカとパレスチナ問題／アフガニスタンの影で』（角川ワンテーマ21）、『燃えあがる海／湾岸現代史』（東京大学出版会）、『現代の国際政治／9月11日後の世界』（放送大学教育振興会）などがある。ブログhttp://ameblo.jp/t-kazuo/

なるほどそうだったのか!!
パレスチナとイスラエル
2010年10月10日　第1刷発行
2023年11月20日　第3刷発行
著　者　高橋和夫
発行者　見城 徹
編集人　福島広司

GENTOSHA

発行所　株式会社 幻冬舎
〒151-0051　東京都渋谷区千駄ヶ谷4-9-7
電話:03（5411）6211（編集）
03（5411）6222（営業）
公式 HP:https://www.gentosha.co.jp/
印刷・製本所:図書印刷株式会社

検印廃止

ISBN 978-4-344-01897-6　C0095